2011
国务院发展研究中心研究丛书

人民币区域化
条件与路径

The Regionalization of RMB

国务院发展研究中心课题组 著

DRC
RESEARCH CENTER OF THE STATE COUNCIL
务院发展研究中心
研究丛书

中国发展出版社

图书在版编目（CIP）数据

人民币区域化：条件与路径/国务院发展研究中心
课题组著. —北京：中国发展出版社，2011.8
（国务院发展研究中心研究丛书.2011）
ISBN 978 - 7 - 80234 - 700 - 7

Ⅰ. 人… Ⅱ. 国… Ⅲ. 人民币—货币流通—研究
Ⅳ. F822. 2

中国版本图书馆 CIP 数据核字（2011）第 136624 号

书　　　名：人民币区域化：条件与路径
著作责任者：国务院发展研究中心课题组
出 版 发 行：中国发展出版社
　　　　　　（北京市西城区百万庄大街 16 号 8 层　100037）
标 准 书 号：ISBN 978 - 7 - 80234 - 700 - 7
经 　销　 者：各地新华书店
印 　刷　 者：北京科信印刷有限公司
开　　　本：700×1000mm　1/16
印　　　张：11. 25
字　　　数：120 千字
版　　　次：2011 年 8 月第 1 版
印　　　次：2011 年 8 月第 1 次印刷
定　　　价：30. 00 元

咨 询 电 话：(010) 68990692　68990622
购 书 热 线：(010) 68990682　68990686
网　　　址：http://www. develpress. com. cn
电 子 邮 件：fazhan@ drc. gov. cn

本书课题组成员

总负责人：

卢中原　国务院发展研究中心副主任

执行负责人：

夏　斌　国务院发展研究中心金融研究所所长

协调人：

张承惠　国务院发展研究中心金融研究所副所长

课题组成员：

陈道富　国务院发展研究中心金融研究所研究室主任

吴　庆　国务院发展研究中心金融研究所研究室副主任

张丽平　国务院发展研究中心对外经济研究部研究室主任

方　晋　国务院发展研究中心对外经济研究部研究室副主任

总　　篡：张承惠

最终审阅：卢中原

为加快实现经济发展方式转变献计献策

当前，我国社会主义现代化事业又到了一个历史关键时期。一方面，经过建国以来 60 余年特别是改革开放 30 余年的发展，我国已经成功实现了从低收入国家向上中等收入国家的历史性跨越，现代化建设站在了新的历史起点上。下一个奋斗目标，就是要实现从上中等收入国家向高收入国家的转变，为在本世纪中叶基本实现现代化的宏伟目标打下坚实基础。而另一方面，也必须清醒看到，经过几十年的发展，我国粗放发展模式所积累的矛盾越来越大，发展不全面、不协调和不可持续的问题也越来越突出。这些问题不仅使我们的发展质量大打折扣，与我们的发展宗旨不相适应，也大大制约了发展的可持续性。因此，加快实现经济发展方式转变，为经济社会的长期平稳较快发展奠定基础，不仅是当前及今后一个时期我国经济社会发展的关键举措，也是决定我国现代化事业命运而必须完成的重大历史任务。

从国际视野来看，转变发展方式并不是中国所特有的事情，而是一个国家工业化、现代化过程中都要经历的事情，特别是对于落后国家的赶超式现代化而言更是如此。大量的国际经验说明，在后发国家的现代化过程中，与从低收入向中等收入的发展过程相比，从中等收入向高收入的发展过程风险更大，困难也更多，搞得不好，很容易掉入所谓的"中等收入陷阱"。正因为如此，从当今世界范围来看，曾经成功启动工业化、现代化，并成功实现从低收入向中等收入转变的国家并不少，但真正能够推动现代化进程持续不断进行下去并最终进入高收入国家行列的并不多。不少后发国家在启动现代化进程后，最初的发展势头相当不错，但后来却出现停滞，甚至发生逆转。保障发展持续性的关键，就是要适应发展阶段的变化，及时转变经济发展方式，化解结构矛盾，创新竞争优势，平衡利益关系，维护社会稳定。

十多年来的实践证明，转变经济发展方式是一件知不易行甚难的事情。这是因为，其一：发展方式并不是独立存在和运行的，而是由体制模式和社会环境所内生决定的，有什么样的体制模式和社会环境，就会有什么样的发展方式。换句话说，要转变发展方式，就必须改变在其背后起决定作用的体制模式和社会环境，而这势必涉及到十分复杂的利益关系调整和重构。其二：转变发展方式还必须在短期发展与长期发展、短期利益与长期利益、短期风险与长期风险等等之间做出艰难的选择。所有这些，都决定了转变发展方式任务的艰巨性和复杂性。因此，这一艰难转变的过程中，尤其需要进一步加强相关经验、理论及政策等研究，为决策部门提供高质量决策咨询建议。

作为国务院直属的政策研究和咨询机构，国务院发展研究中心的主要职责就是研究国民经济、社会发展和改革开放中的全局性、综合性、战略性、长期性、前瞻性以及热点、难点问题，为党中央、国务院提供政策建议和咨询意见。近几年来，适应我国发展阶段及主要矛盾、主要任务的变化，国务院发展研究中心把贯彻落实科学发展观、推动转变发展方式作为政策咨询研究工作的重中之重，紧紧围绕调整经济结构、促进科技创新、协调经济发展与自然环境、社会发展及改善民生的关系等重大重点问题开展咨询研究工作。在为党中央国务院提交政策咨询建议的同时，每年也形成一批内容丰富、有深度、有见解的研究报告。这些研究报告的研究领域虽有不同，有的宏观一些，有的中观甚至微观一些，有的偏重理论分析或国内外经验的总结，有的则针对我国经济运行中的某个具体问题开展调查研究，但它们都有一个共同点，那就是紧紧围绕并服务于促进科学发展和推动转变发展方式这一时代的主题。

现在，我们将这些研究报告择优出版，其目的就在于使这些研究成果在为党中央国务院决策服务的同时，也能够为地方政府、相关部门、相关企业、研究机构以及社会各界提供服务，并能够在推动与贯彻落实科学发展观、促进发展方式实质性转变相关的重大问题研究中发挥积极作用。我们诚心期望各级领导同志和广大读者，和我们一起共同对《丛书》这一刚刚出土的新竹关心、培育，提出改进和提高的宝贵意见，以期年复一年，越办越好。

国务院发展研究中心主任 李伟
2011 年 7 月

人民币区域化：一个更务实的战略

近年来，人民币国际化成为国内外议论的一个热门话题，国际金融危机爆发以后，这一话题更是活跃起来。无疑，随着中国经济实力不断壮大，金融改革不断深化，人民币终将成为国际货币，但这是一个相当长的过程，是我国的长期努力的方向。冷静而务实地说，在近中期内，我们能够做到人民币的区域化，就已经很不错了。人民币区域化应当是我们努力的阶段性目标，推动这一进程，对我国继续应对国际金融危机后续影响，扩大回旋余地和维护国家经济安全，具有重要战略意义。

推进人民币区域化，我们面临不可多得的历史性机遇。改革开放 30 多年来，我国经济持续快速稳定发展，人民币区域化已经具备较好的经济实力基础。我国主动发展开放型经济，积极推动与东盟等国的区域经济一体化，人民币跨境流动也有一定规模。中国在应对国际金融危机冲击中成效突出，人民币区域影响力增强。而且，货币区域化对本国经济、金融开放程度要求较低，我国可以在资本账户未完全开放的情况下推进人民币区域化。

2008 年国际金融危机爆发后，各国普遍认识到，在缺乏有效约束机制的国际货币体系中，过度依赖美国的主权货币，无论对维护本国宏观经济稳定和金融资产安全，还是对保持国际经济稳定平衡，都可能带来极大风险。为应对危机和防范风险，国际上区域经济和金融合作势头趋强，东亚、东南亚合作意愿仍是主流。在金融合作领域，东南亚各国扩大亚洲货币储备库、进行货币互换等。东盟内部经济一体化加快，目前正在考虑建设关税同盟和共同市场。经过多年努力，中日韩自贸区官产学联合研究于2010年正式启动。中国大陆和台湾地区签署海峡两岸经济合作框架协议（ECFA）之后，与我国台湾地区产业结构相近的韩国受到很大震动，同意于2011年正式启动中韩自贸区谈判。

俄罗斯、巴西等国加速推进本币的国际化。俄罗斯宣布资本账户完全开放，积极策划将莫斯科建成国际金融中心，推动卢布计价、结算。俄将贸易本币结算推广到独联体国家，并倡议在"上海合作组织"实行，也希望与我国的本币结算从边界贸易扩大到一般贸易。2010年11月23日，卢布与人民币在中国外汇市场实行直接交易。巴西与阿根廷达成贸易本币结算协议，积极推动与南美其他国家"脱离美元"的进程，并探索与我国贸易本币结算的可行性。国际上经济金融合作和脱离美元趋势方兴未艾，将扩大对人民币的需求，有利于我国推进人民币区域化战略。

我们清醒地看到，人民币区域化进程也面临不少制约因素。人民币区域化进程不仅包括逐步扩大境外流通规模和地域，而且意味着发挥区域主导货币的各种职能，其中基础职能是计价结算工具，而较复杂的职能是投资工具、汇率避险工具和储备货币。在相当长时间内，美元霸主地位难以撼动，欧元地位也难以替代。人民币成为国际货币还相当遥远，即使是实现人民币区域化这一阶段性目标，也要跨越许多障碍。从流通地域和货币职能角度看，人民币区域化还受到以下因素制约。

一是区域经济一体化程度影响人民币区域化范围。在与我国经贸和人员往来密切的地区特别是边境地区，人民币流通量较大。在有些边境地区，人民币甚至比对方国家货币更受欢迎。但由于两国没有达成区域经济一体化的制度性安排，边境的经济一体化措施无法扩展到两国全境，人民币区域化也只能局限在边境地区。

二是区域内金融服务落后，缺乏统一的人民币市场汇率基础。在与我国贸易往来比较密切的东南亚地区，包括已经与我国实行货物贸易自由化的东盟自贸区，不少国家的银行体系很不发达，可以兑换人民币的金融机构更是稀少。此外，区域内许多国家并无本币与人民币直接兑换的官方汇率，而必须通过美元等硬通货换算，或通过黑市高价兑换。这都不利于人民币在区域内的流通。

三是我国金融市场还不成熟，汇率形成机制还不完善，制约人民币成为投资工具、汇率避险工具和储备货币。人民币要发挥区域主导货币的这些复杂职能，目前条件还较欠缺。我国金融市场和金融产品不发达，外汇交易不够方便，汇率避险机制不够健全，资本账户还没有完全开放。因此，海外企业获取和持有人民币资产的积极性受到影响，人民币区域化的地域范围和货币职能都会受到限制。

四是周边战略安全变局制约人民币成为周边区域主导货币。近年来，东北亚、东南亚安全局势频频出现危机或争端，不能排除某些国家可能借周边安全变局继续制造事端，进一步拉大国抗衡中国。一些国家可能联手巩固传统经济大国和区域主导货币地位，防范人民币成为本区域主导货币。这些会影响本地区用人民币结算、投资的信心。

以上这些制约因素，需要我们妥为化解。推进人民币区域化，是否可以考虑以下三条基本思路，提出来供大家讨论。

一是"扩规模"，即扩大人民币在境外的市场循环规模。拓宽人民币走到境外的渠道；在境外让人民币像其他自由兑换货币一样，可用于存款贷款、结算支付、资产管理、汇率避险等全方位业务；让境外各机构与自然人通过正规的人民币可兑换通道，分享中国经济高增长的收益。

二是"树形象"，实施互利共赢战略，推动亚洲特别是东南亚经济一体化和金融合作，实现包容性经济增长，深耕周边，弱化周边争端引起的相关国家戒心，积极塑造睦邻友好、共同发展的周边安全环境，逐步树立人民币在亚洲区内的"主导货币"形象。

三是"拓空间"，充分利用国际组织和世界各国积极力量，支持"货币区域化"潮流，为人民币区域化争取发展空间。利用好"上海合作组织"、东南亚、俄罗斯扩大与我国合作等有利因素，以推动区域经济一体化来促进人民币区域化，对冲周边不利因素，拓展人民币区域化的回旋余地。淡化"人民币国际化"提法，明确"人民币区域化"战略，符合我国经济实力和金融发展状况，也有利于避免引火烧身，实际上是更可行的战略。

根据课题组的研究，我觉得以下政策建议是有参考价值的。

第一，在国际贸易中积极推广使用人民币计价、结算。

第二，开启人民币离岸市场。进一步发挥香港离岸市场的作用，允许香港金融市场开展人民币存贷款、结算、融资和其他人民币资产业务。

第三，继续推动我国央行和海外各央行的人民币互换计划，扩大人民币对外援助，促进双边经贸活动和满足海外的人民币资金需求。

第四，支持国际货币体系重组，通过加强国际合作，制约个别大国不负责任的滥发货币行为。

第五，稳步推进资本项目开放。继续坚持不设时间表的方针，以扩大回旋余地。根据人民币汇率形成机制变化、宏观经济稳定状况和监管水平，设定资本项目开放路径。

如此等等。当然，现在付梓的研究成果还是阶段性的，随着国内外经济形势和周边安全态势的变化，人民币区域化的进程会不断深化，相关研究成果也会不断丰富，这是值得期待的。

国务院发展研究中心副主任　卢中原

2011 年 5 月 23 日

目　录
Contents

第一章

人民币区域化的
意义与利弊

一、人民币区域化的定义

（一）货币国际化的含义

一般来说，一国货币的国际化是指该国货币在国际经济交往中行使计价、结算和价值储藏等职能，是货币的国内职能向国外拓展的过程。国际经济交往包括商品、服务、金融资产之间的交易。计价职能指货币在国际经济交往中充当价值尺度，体现货币的一般等价物功能，计价职能的发挥以价值稳定为基础。结算职能则指在支付过程中，实现以货币形式表现的权利义务的转移，体现货币的交易媒介功能。结算职能的发挥需要以货币的结算、清算系统为前提。计价货币与结算货币，可以相同也可以不同，取决于经济主体的实际需要。价值储藏职能则实现价值在时间上的转移，体现货币的信用功能。这一职能的实现需要以发达的本币金融市场为基础，也在一定程度上反映了本币金融市场资源汇集、调度与再分配能力的高低。

国际货币的上述三个职能之间往往是紧密联系的。价值尺度是基础，价值储藏是核心，是货币国际化成果的集中体现，是国家的重要战略利益。国际货币实现结算职能，又需要有一定的价值储藏为补充。因为货币结算必然会产生货币的一定存量，这部分存量需要有一定的运用场所。因此，货币的国际化并不是简单的从计价货币到结算货币，再到储备货币，而是有所交织的进行。

Cohen（1998）曾将一国货币在本国之外的使用分为两类，一是本国货币在其他国家的国内交易中行使货币职能（包括完全的外币化和部分外币化，即货币替代）；二是本国货币在国际间交易中行使货币职能（货币国际化）。后者又可进一步划分为包括发行国在内的货币的国际间使用（即货币发行国和其他国家之间的交易，称为在岸交易）和发行国之外的第三国之间（即非货币发行国之间的交易，称为离岸交易）的国际间使用。也就是说，货币的国际化实际上是本币货币市场的延伸，可以与本国资产市场的延伸相联系，也可以无关。

国际货币的上述三种职能，在一国国民中和货币当局中有着不同的表现方式。国际货币的价值尺度职能，在民间一般表现为计价货币，在货币当局则成为货币锚；支付手段职能，在民间作为结算货币，货币当局则以干预货币的形式存在；储藏手段职能，在民间表现为资产货币，在货币当局则表现为储备货币。

表1.1   国际货币的功能

功　能	民　间	货币当局
价值尺度	计价货币	货币锚
支付手段	结算货币	干预货币
储藏手段	资产货币	储备货币

在实际生活中，一种货币的跨境运用要达到什么程度，才可以被称为国际化？目前国际上并没有取得一致意见。Hartmann（1998）认为，当一国货币被该货币发行国之外的国家的个人或机构接受并用作交换媒介、记账单位和价值储藏手段时，该国货币国际化就开始了。由于商品和资本市场的一体化，多数工业化国家的货币目前在某种程度上都国际化了。然而，这些货币的国际化程度却有相当大的差异，只有少数几种货币执行着多重私人和官方的职能。而由于交易成本和网络外溢效应的存在，可能只有一种主要的国际货币执行着比其他国际货币大得多的职能。蒙代尔（2003）认为，当货币流通范围超出法定的流通区域，该货币就国际化了。Tavlas（1997）认为，当一种货币在没有该货币发行国参与的国际交易中充当记账单位、交换媒介和价值储藏手段时，该货币就国际化了。日本财政部（1999）给日元国际化下的定义为：提高海外交易及国际融资中日元使用的比例，提高非居民持有的以日元计价的资产的比例，特别是提高日元在国际货币制度中的作用以及提高日元在经常交易、资本交易和外汇储备中的地位。

无论如何，货币的国际化并不是一个非此即彼的概念，也不是一个跳跃性发展的结果。货币国际化是一个循序渐进、向国际交易各个环节逐步渗透的过程。

（二）人民币区域化定义

货币的区域化有两种类型：一种是在某一特定地区引入一种新的货币，从而形成某一货币区域的过程。历史上曾经出现过法郎区、英镑区，当今时代的欧元区等，均可作为例证。另一种是某非国际货币在成为国际货币的过程中，在一定区域内被认可的过程。我国人民币区域化就是后一种情况。

人民币区域化是指人民币在一个地理区域内行使自由兑换、交易、流通、储备等职能的过程。人民币区域化是人民币国际化的初级阶段，是在人民币还不具备完全国际化条件的情况下，在一个有限区域范围内由一国货币转变为超越国界的区域货币的过程。现阶段，人民币区域化并非人民币在某个区域（如亚洲或东亚）内成为主导货币，而是通过与区域内经贸活动的长期合作和竞争成为区域内的关键货币之一，在区域内金融、贸易中发挥其重要的职能。

二、人民币区域化的战略意义

（一）我们为什么主张将人民币区域化作为近中期目标

在信用货币时代，货币不仅是财富的象征，更是决定一国对外影响力的重要因素。本币国际化是一国经济实力的货币表现，也是其进一步增强实力和国际资源控制力的需要。纵观近 300 年世界经济史，大凡当一个国家的经济地位上升至世界前几位时，其货币的国际化程度都会相应大幅度提高，例如英镑、美元、日元、德国马克都经历过这个过程。18～19 世纪的英国、20 世纪的美国在登上世界经济霸主地位的同时，均通过本币国际化有力地支撑了本国经济的长期繁荣。德国和日本在经过战后 20 多年的经济高速增长之后①，也选择了本币国际化的道路。

---

① 日本在 1955～1980 年间，名义 GDP 年均增速高达 14.4%，在 20 世纪 70 年代前半期进入中等收入国家行列。

经过 30 多年的改革开放，中国已成为世界第二大经济体，但中国同时也是一个处于转轨过程中的发展中国家，这是决定人民币国际化方向和进程的两个基本前提。

第一，作为世界第二大经济体，中国正面临一个新的历史转折时期。在过去的 30 多年中，中国经历了世界经济发展史上罕见的持续高增长，由一个供不应求的短缺经济，发展为部分行业产能过剩、供过于求的经济体；由资金匮乏的穷国，成长为资本充裕的中等收入国家；由自给自足的封闭国家，转变为世界第一大出口国和第二大进口国。目前，中国是世界上最大的矿产资源进口国和第二大石油消费国；是吸收外资最多的发展中国家；是最大的债权国及第五大投资国。中国已经成为世界经济的引擎之一，在国际社会的地位和话语权不断提高。

更要清醒地看到，受环境、资源、劳动力等因素约束，中国的高速增长期已经接近尾声，未来即将进入一个中等速度增长的时期。需要指出的是，德国和日本都是在高速经济增长期结束、转入中速增长期时开始本币国际化进程的。这意味着货币国际化既是经济转型的必然要求，也是经济转型所带来的结果。当前中国正面临重大的经济转型关口，需要更多地参与国际市场，更多地考虑海外发展战略，将视野拓展到中国境外。但是，目前人民币的国际地位与中国的经济发展要求和全球大战略并不相称，呈现出"经济大国、政治大国、贸易大国、货币小国、金融小国"的失衡状况。这种过度依赖发达经济体提供的货币、金融网络及服务的状况如果持续下去，不仅不利于提升我国对全球经济活动的影响力，而且会受到美元主导的国际货币体系越来越大的负面影响。进而言之，在金融已经成为现代经济核心的今天，对于一个正在兴起的大国而言，缺乏货币主导权就是经济发展中的最大风险，人民币国际化是中国在重新崛起过程中不得不追求的目标。推动人民币国际化符合中国的国家利益，符合下一步改革开放的需要，应该成为中国发展战略的一个重要组成部分。

第二，从历史经验看，一国货币成为国际货币并不一定需要经历区域化的过程。美元是在二战后的特殊历史背景下，依靠国际协议成为国际货币的，日元则是在本国经济迅速发展、国际经济贸易地位日益提高的条件下迅速成为国际货币的。但是中国作为一个转轨中的发展中国家，一方面，其经济结构、市场体系还存在较大缺陷，经济、政治、军事的实力和抗风险能力与美国等发达经济体相比还有很大距离，宏观政策的协调能力相对较弱，现有金融市场和金融体制，也不足以支撑人民币在国际市场担当重要角色。因此人民币在相当长时间内还无法达到美元的地位[①]，甚至难以超越欧元的国际地位。另一方面，我国的对外开放实行的是一种渐进的战略，人民币自由兑换的进程是逐步实现的。因此，人民币的国际化进程不太可能像美元、日元那样一蹴而就。总的来看，人民币要成为真正的国际货币还需要很长的时间。比较现实的途径是，走先区域化、后国际化的道路。在人民币国际化的初级阶段，我们无论在认识上还是政策措施上，都不宜急于求成，盲动冒进。而只能以人民币区域化为目标，通过促进区域经济一体化和完善国内基础条件，推动人民币区域化的稳步推进。

沿着一种货币在国际经贸活动中功能和使用空间的扩展轨迹，可以将货币国际化的进程分为五个阶段（参见表1.2）。

---

① 根据国际清算银行 2010 年 4 月的调查，美元在国际外汇市场交易量占比达到 84.9%。2009 年底，美元在全球外汇储备中的份额达到 62.2%。

表 1.2　　　　　　　　　　　货币渐进式国际化的进程

阶段	功能轴	空间轴	自由化程度及央行责任
起步阶段	边民互市贸易中作为计价结算的手段	货币发行国与个别邻国之间使用	货币兑换及使用多在民间进行，自由化程度低，央行的责任集中在对货币兑换进行监管
初级阶段	扩展到边境贸易中作为计价结算的手段	货币发行国与多个邻国间使用	货币兑换及使用开始进入官方渠道。自由化程度略有提高。央行的责任主要是促进官方渠道的拓展，监管民间货币兑换
中级阶段	扩展到一般贸易中作为计价结算手段	扩展到货币发行国与非邻国之间的贸易	政策上，货币已成为可自由兑换货币。央行的责任是确保在他国要求时兑换其持有的本国货币
中高级阶段	扩展到作为国际投资和国际借贷的工具	扩展到非货币发行国之间	被接受的范围更大。成熟的国内资本市场和外汇市场。央行等金融监管机构对市场进行有效监管
高级阶段	扩展到政府的国际储备手段	被相当多的国家所接受	货币成为国际货币。央行需要密切关注国际金融市场上本币供求状况的变化

2009 年 7 月我国正式启动跨境贸易人民币结算试点，据中国人民银行统计，2011 年第一季度人民币跨境结算金额累计达到 3603 亿元，超过上一年的一半以上。这标志着我国人民币已经进入国际化的中级阶段。

（二）人民币区域化的战略意义

具体来看，人民币区域化的意义主要体现在以下几个方面。

1. 有利于加快我国经济发展方式转变

货币的国际竞争，本质上是对币值稳定的竞争，而这又高度依赖于货币所服务经济体的效率，以及维护货币运行的政府和金融机构的信誉。要使人民币稳健地走向国际，成为国际上有持续竞争力的货币，关键是提高经济运行的效率，提升我国的综合国力。换言之，要实现人民币区域化，必须加快转变经济增长方式，优化经济结构。因为唯此才能使币值保持稳定，才能使本币为外国私人部门和公共部门广泛接受。从国际经验看，本币国际化的过程往往与升值相伴，而这种适度升值，也有利于保持人民币的强势地位，并推动我国逐步由主要依靠投资和出口拉动经济增长，转向消费、投资、出口共同拉动的均衡型增长。

2. 人民币区域化有助于推动我国改变金融发展滞后的状况，加快金融业对内对外开放和金融市场的发展

一国货币的国际化本质上是本国金融市场在境外的延伸，意味着本国金融市场规模的扩大。由于金融市场具有规模效益，市场的扩大可以提升本国机构的融资效率和竞争优势。人民币"走出去"需要进一步开放我国金融市场，因为只有当外国居民认为持有某种货币有利（例如该货币未来可能升值或可以便利地使用该种货币投资获取较高的收益）时才会选择这种货币。而开放市场不仅要放松金融管制，加大对外开放力度，更需要以发达的金融服务体系、高效的金融监管和宏观政策协调机制为基础。因此，人民币区域化会在一定程度上"倒逼"我国加快金融改革开放，放松金融管理，进一步提高金融监管效率和完善相关法律法规，促进微观主体市场化改造，从而推动我国金融业向更高层次发展。

3. 有利于进一步深化亚洲经济一体化，提高我国在国际经济、金融结构调整过程中的参与度和引导能力

20世纪80年代以前，中国长期处于资本短缺时代。因此，出口导向、积攒外汇是经济起飞必须的选择。改革开放30多年来，中国经济高速发展，国力不断壮大，由一个世界弱国成长为世界大国。

但是在这个过程中，也出现了自身经济结构的非均衡性问题。面对已经形成的巨大产能和不稳定的外部环境，中国要想继续维持相对高速的增长，就必须去寻找能支撑自身潜在增长率的新的发展方式。为此，除了需要尽快将经济发展战略转向内需为主（特别是扩大消费）之外，还需要把巨大的产能释放、分配到亚洲、非洲等发展中国家和新兴国家，在这些国家中培育和扩大新的投资、消费能力。为达此目标，必须扩大人民币的境外使用范围，增加人民币在这些国家投资、消费中的份额。通过人民币结算，人民币对外投资、买方贷款和对外援助等手段，支持亚洲、非洲等国家的经济发展，藉以维护中国和世界经济的稳定发展。

近年来，亚洲各国之间的经贸联系越来越密切，亚洲经济一体化进程不断取得进展。中国与东盟建立了自贸区，进一步紧密了亚洲经济之间的联系。但是亚洲国家的货币却主要钉住美元，亚洲之间国际经济交往活动，主要通过美元来当媒介。尽管对美国的总出口只占小型东亚经济体总出口的23%，从美国的进口只占总进口的14%，但东亚地区的大多数商品贸易都以美元作为计价货币。其中，韩国2002年进口的80.6%是以美元计价的，出口更是达到86.8%。日本也大量选择美元计价和交易，仅有5.4%的出口和12.1%的进口是以日元计价的。虽然其他东亚经济体与日本的经济联系密切，但美元仍是日本对外贸易的主要计价货币。

与此相联系，欧美金融机构，如高盛等投资银行和汇丰、花旗等银行机构，以及三大评级公司和四大会计事务所等，在亚洲金融业务方面，特别是跨国投资、并购方面，发挥了重要的作用。亚洲自身的金融机构，不论是日本、韩国还是中国等其他东亚国家，在相当长的时期内都还无法取代欧美金融机构。

借助美元及欧美金融机构媒介的亚洲区域经济一体化，虽然也能发挥一定的作用，但美元的大幅波动，金融定价权的旁落，给亚洲进一步合作和经济发展带来了不确定性。亚洲经济的进一步一体化，需要金融合作的配合。比较现实的选择，是借助中国与亚洲经济一体化的进程，提高各国货币对人民币波动的一致性，逐步提高人民币在区内的影响力。而这个过程，需要人民币区域化的进一步发展。

4. 有利于防范和化解经济政治风险

大国崛起需要与本国经济开放程度、国际影响力相一致的货币国际化的支持。没有本币的国际化，所谓大国崛起就是不完全的。在世界金融博弈中，非国际储备货币国往往处于劣势。因为对于以外币形式拥有大量对外净资产或负债的国家，尤其是一国本币尚未能实现国际化，或者说虽然实现了国际化，但在国际上被接受程度并不高的国家，在参与金融全球一体化过程中，往往面临很大的风险，从而对该国的经济稳定构成潜在的威胁。因而，面对美元主导的有欠缺的国际货币体系，一个新兴大国需要通过本国货币的国际化来有效防范风险，保障自身经济的稳定和国家安全。近年来，中国周边部分国家（地区）安全形势复杂，南海、东海、藏南地区领土、领海争议更是突出。从国家安全的角度看，推动人民币区域化，也是通过强化与东南亚、南亚、中亚以及俄罗斯的经济联系，稳定我国周边安全态势、争取外交主动权的需要。

（三）人民币区域化也是应对当今国际货币体系欠缺的有效手段

当前以美元为主导的国际货币体系存在诸多制度性缺陷，美元不受约束地发行，世界经济的美元周期特征日益明显，导致世界货币、银行危机不断。而主要为解决全球贸易失衡设计的国际金融组织，在应对世界经济金融波动和相关国家危机面前，又明显力不从心。而国际主导货币发行国美国，为了充分利用现有国际货币体系，在世界范围内不断制造一个又一个的金融泡沫，加大了国际金融体系的风险。各国已深切感觉到这个体制的缺陷，但受制于美国实力的强大，又不得不艰难维持，不断积累美元储备以防万一。这种方法能在一定程度上能防止本国金融危机，但也加强了美元本位地位，同时进一步加剧了该体制内在缺陷的积累和当危机暴露时带来的负面影响。

从未来世界货币体系的演变来看，建立超主权货币自然是最理想的解决方式。但在建立这一模式之前，又有很长很长的路要走。因为"整个货币史的一个共同主题是，最重要的金融大国拒绝对国际货币进行改革，对自己是有好处的，因为改革降低了自己货币的垄断力量"（Robert Mundell）[1]。因此，中期内，较好的选择是形成实力相当的多种国际货币，在一定程度内相互竞争、相互制约，形成相对均衡的格局。虽然"多元储备货币体系缺乏效率，也同以物易物的低效经济。毕竟，货币的发明首先是为了降低交换中的交换成本，使交换的发生不必依赖于需求的双向契合"。"如果处于领导地位的国家不能实施合适的宏观经济政策，其他竞争性货币的存在，可以保护世界其他国家免受处于领导地位的国家利用其地位，过度举债然后以通胀或贬值的方式解决债务问题而带来的危害"（Jeffrey Frankel）[2]。这种多元储备货币的竞争格局，有如蒙代尔在2002年提

---

① 多莫尼克·萨尔瓦多等著：《欧元、美元和国际货币体系》，复旦大学出版社2007年版。
② 《论全球货币》，2009年第4期《比较》杂志，中信出版社2009年版。

到的美元、欧元、日元"稳定性三岛"（其后来也提到人民币）；也有杰弗里·弗兰克尔提到的美元、欧元，甚至是 10 年后作为国际储备货币之一，30 年后成为主流储备货币的人民币；也包括现 IMF 总裁卡恩和斯蒂格利茨教授提到的以特别提款权为基础的新的世界储备货币。两年前，从美国本土引发的世界金融危机，恰提供了改革国际货币体系的一个契机，各主要储备货币如果能在现有框架下，通过竞争与磋商制约美联储滥发货币，加强国际间监管协调以减少存款货币的过度创造。与此同时，加强世界主要储备货币国家之间的协调，降低国际主要储备货币之间的汇率波动，则能在一定程度上克服当前国际货币体系的缺陷，减少国际金融体系的波动。在这种体系的变更过程中，国际货币领域将以动荡为主。

由此可见，如果人民币加入某个货币区（如与美元完全固定），或者完全放任汇率的波动（建立自己的货币区），并使用别国货币作为我国国际交往的货币，都将引入大量不必要的市场波动，不利于我国经济的稳定增长。因此，从长远来看，由于我国在世界经济中影响越来越大，有必要建立自己的货币区，并以自己的货币为主参与国际经济交往，成为世界货币体系中重要储备货币成员之一。

为实现这一目标，积极推动人民币的区域化，并予以长期不懈的努力，正是应对当今国际货币体系缺乏的有效手段之一。

如果从实体经济领域来看，当前世界经济的不平衡，有人口结构、经济发展阶段和经济结构方面的原因，但国际货币体系的不对称性，给美国等主要储备货币国家提供了额外的、几乎不受竞争的融资能力，是造成这些国家过度消费的货币制度原因。如果人民币能成为国际主要货币之一，在国际交往中发挥必要的积极作用，则可以在一定程度上修正这一制度缺陷，从而有助于从制度层面上消除国际不合理失衡的基础。此外，人民币在走向国际货币的过程中，为了提高币值稳定和竞争力，有必要转变增长方式和优化结构，也有助于世界经济不平衡的调整。

当然，同时与亚洲加强货币合作，有可能的话，创建区域货币使其成为未来世界货币中的重要一极，同样是件好事。

一般来说，区域货币合作可以分为信息协调、资源协调和汇率协调。其中，信息协调通过国家间加强信息交流来提高福利。资源协调可通过分享外汇储备形成储备库，可以采用货币互换安排，也可以采取共同储备形式。汇率协调主要通过对参加国的汇率政策和货币金融政策的限制予以实施。1997 年亚洲金融危机后，东亚国家已认识到此举的重要意义，开始谋求区域货币金融合作，从货币互换协议，到东亚债券基金（ABF）、东亚债券市场（ABM I、II）。2008 年 5 月，"东盟 10＋3"财长会议又一致同意出资不少于 800 亿美元，筹建共同外汇储备基金，2009 年 2 月，该会议进一步将东亚储备库的规模扩张到 1200 亿美元等项目正予以落实。但是，在汇率协调方面由于通过汇率协调逐步实现货币合作或共同货币，涉及到国家主权的部分让度，受亚洲各国因历史、政治、文化等因素影响，一时难度较大，可行性较低。在中国积极推动亚洲金融、货币合作过程中，也不排除中国在推动人民币区域化进程中，以币值稳定、影响力逐渐增大的区域货币优势，影响、吸收区域内国家逐步实现汇率的协调，并探索更理想的货币合作前景。

总的来看，人民币区域化本身的战略意义在于战略布局，在于克服当前货币体系缺陷中寻求自身的最大利益。未来相当长一段时间内，人民币区域化更大的战略意义，在于从区域化走向国际化的过程，而不是国际化结果。或者说在于为实现和保持人民币国际地位过程中，需要采取各种措施以提高经济增长效率，使宏观政策更加协调和具有可预见性，金融市场更加自由和开放，甚至创造稳定的国际货币环境，从而保持人民币币值的长期稳定。这些行为符合我国的战略利益。某种程度上说，追求人民币区域化过程，就是壮大我国经济实力、提升我国国际影响力的过程。

三、人民币区域化的近中期利益分析

分析人民币区域化的利益，可从微观和宏观两个方面进行。

（一）微观利益

对于经济活动中的微观主体来说，本币国际化的利益无疑是显著的。

第一，对进出口企业而言，使用本币结算可以对进出口企业带来明显的好处和便利。过去使用美元作为贸易结算工具，对于进、出口双方来说，都需要承担较大汇率风险和汇兑财务成本。如果用本币结算一是可以规避汇率风险，防止外币贬值带来的损失；二是可以减少货币兑换环节，降低企业经营成本；三是企业在办理出口信用证、托收、汇款等多种结算业务时均采用人民币计价结算的话，有利于企业选择合适的结算方式，简化结算手续；四是便利企业锁定财务成本，估算预期收益，提高企业抗风险能力；五是方便客户办理各种贸易融资，降低相关费用；六是可以提高企业管理集团资金调配、流转的效率。2009 年，广州某纺织漂染有限公司因参与跨境贸易人民币结算试点，就为企业降低了近 100 万元的成本。

第二，对于从事海外投资活动企业来说，由于可以直接用本币投资而无需事先兑换成美元或其他国际货币，同样可以减少汇兑风险，提高企业在国内市场和海外市场融资的便利性，降低了投资成本。

第三，随着人民币走出国门在更广泛的范围内使用，在人民币业务方面占有绝对优势的中资银行和非银行金融机构"走出去"的条件将更加有利，经营范围将进一步扩大。在当今国际金融市场，欧美金融机构独占鳌头，中介服务市场更是被三大评级公司和四大会计事务所垄断，这种状况与其货币的高度国际化是不无关联的。尽管人民币近中期仍难以成为国际主要货币，中资金融机构也无法冲击欧美国家的金融霸权，但人民币影响力的扩大，对金融机构而言至少有以下好处：一是提高中资金融机构的国际竞争力。为进出口企业提供人民币结算服务以及为境外进口商提供人民币融资，可以扩大商业银行业务范围；为中资企业提供海外市场发债服务、为外资企业在提供国内资本市场上市服务，可以扩充投资银行、证券公司等机构的海外经营领域，增加金融机构利润。二是提高金融机构的安全性。境外人民币使用的增加有利于提高市场流动性，更使得中国人民银行可以作为最后贷款人为金融机构提供流动性保护，从而降低中国金融机构的外汇流动性风险，提高中国金融机构经营人民币海外业务的竞争力。三是人民币使用规模和范围的增加，将产生对风险对冲衍生工具的需求，促进人民币远期、利率互换等衍生商品市场和商品期货期权市场的发展，从而有利于拓展中国金融市场的深度和广度，使中国金融机构更快更好地融入国际金融市场。

第四，人民币区域化将使中国公民在国外购物、旅游、求学等活动更加便利，有利于提高民众的福祉。特别是对于边境旅游业的发展有着积极的促进作用。人民币在周边国家的广泛使用，大大方便了中国公民赴周边国家（地区）的旅游。近年来，边境旅游的规模不断扩大。由于边境旅游的游客相当多并非边民，因此，边境出境游客的增加，带动了我国边境地区旅游业的发展，促进了边境地区经济发展，提高了边境地区人民的收入。

（二）宏观利益

（1）提升我国在周边区域的影响力，促进区域经济的一体化进程。如果一国的货币成为被周边国家政府、企业和个人普遍接受的区域货币，那么该国与区域内国家的联系将更加紧密，其他国家对该国经济的依赖性也会增加。因此，如果人民币能够成为亚洲地区的区域货币，中国对周边国家的影响力和区域经济发展的稳定性必定会加强。不仅中国的经济政策可以辐射到使用人民币的整个区域，在政治、军事、外交、文化等领域也会产生一定的影响力，中国的国际地位将进一步得到提升。

（2）有利于增强我国在国际贸易中对价格的影响力。如果大量国际交易以人民币计价，则中国就能够在一定程度上影响全球相关交易的定价，而掌控定价权无疑对具有较高对外依存度（特别是对海外资源依存度）的中国经济极为有利。

（3）增加铸币税收入，减少因持有大量美元资产而导致的铸币税损失。铸币税是指拥有发行货币特权的政府或组织从货币发行中获得的特殊收益。在一国范围内发行货币，意味着向本国居民征收铸币税；当本币成为国际货币时，就意味着向国外征收铸币税。国际货币的发行国只要印制钞票，就可以获得国外资产和财富。由于缺乏国际货币发行权，拥有庞大美元资产的中国已经而且还将继续向美国缴纳巨额铸币税①，人民币区域化有利于改善这种被动局面。

由于人民币国际化是一个漫长的过程，短期内铸币税收益将是有限的。但是随着人民币使用范围和规模的逐渐扩大，铸币税收益也会随之增加。

（4）有利于提升我国防范金融风险的能力。当今以美元为主导的国际货币体系存在诸多制度性缺陷：美元不受约束地发行，美国从自身利益出发，不断制造一个又一个金融泡沫，导致货币、银行危机不断。在现有货币体系下，非国际货币发行国往往会面临很大的流动性风险和市场价格波动风险。人民币区域化意味着提升了中国的融资能力，意味着金融市场上存在着以人民币标价、我国在一定程度上可以决定价格和控制风险的资产。在这种情况下，即便金融市场出现较大动荡，我国受到的影响也会相对较小。具体来说，推动人民币区域化有利于防范以下两个方面的风险。

一是有利于预防流动性风险。如果在充分的全球金融一体化运行中由于本国不是已持有大量资产计价货币的发行主体，缺乏为其提供最后贷款人的流动性调控手段，一旦发生市场动荡，出现该计价货币流动性短缺，不得不借助市场融资功能，而此时往往也是该国融资能力最弱的时候，风险就难以避免。届时国际金融组织虽然能提供一些流动性调剂手段，但往往条件苛刻且杯水车薪。更使这些问题严重和复杂的是与经常项目收支相对应的资产（负债），不论是掌握在居民

---

① 据中国社会科学院《2010 发展和改革蓝皮书》的数据计算，1990～2004 年，美国向中国征收了 25 亿美元的"发行铸币税"。以 2007 年中国外汇储备 1.5 万亿美元、美国通胀率 2.85% 计算，美国通过将本国的通货膨胀输出到中国，至少向中国征收了 400 亿美元的"通胀铸币税"。此外，手中握有大量外汇储备的中国，购买美国国债只能获得较低的收益；但美国由于其在国际金融市场上的优势地位，投资收益率要高得多。这种投资的收益差，使中国在 1996～2006 年间又向美国缴纳了年均 700 亿美元的"收益铸币税"。

手中（外币形式），还是掌握在政府手中（外汇储备，与此同时向市场已投放了基础货币），在本国都将产生类似于基础货币的多倍货币创造过程。一旦收缩，就会产生多倍收缩的现象，引发更大的流动性问题。即使对于那些拥有足够外汇储备的国家，要在短时间内提供充足的流动性，也会对外币资产市场造成巨大冲击，产生恶性循环。例如，在2008年的美国金融危机中，日本虽然拥有巨额外汇储备，但也不得不与多国央行签订货币互换协议，准备应对市场的流动性危机。

二是预防货币错配下市场价值波动的风险。在当今浮动汇率制下，不论以何种货币拥有资产，甚至以本币拥有，都不得不面对市场价值波动的风险。但是，对于以本币标价的风险，管理当局可以拥有一定的调控手段加以控制和影响，然而以外币标价的资产风险，管理当局却不得不受制于他国，本质上是将本国的部分金融市场调控权让渡给了外国政府。或者在采取盯市的会计准则下，采取以市场价值为基础的融资体系中，资产价格的波动对企业的资产负债表、经营、融资活动都会产生现实的影响。如果在外币资产（负债）更多的是由居民持有的国家，这种影响则更为显著。当政府以外汇储备形式拥有大部分外币资产时，由于外汇储备账面价值不影响企业的行为，在不引起投机资金攻击的情况下，影响还相对小些。

四、人民币区域化的紧迫性

目前，世界经济增长的中心正向亚洲转移，我国作为亚洲重要的经济体之一，在国际舞台上的重要性也在稳步上升。从我国情况看，改革开放以来，长期保持了高速的经济增长，劳动生产率不断提高；对外经贸活动日益密切，已成为世界贸易大国之一，世界出口第一大国；国民储蓄率始终保持在较高的水平，对外净资产不断累积，我国已成为世界资金供给的重要一方；人民币的升值压力持续存在。这一切都说明，人民币已具备成为国际货币的初步条件。

但到目前为止，我国在推动人民币国际化方面，进程缓慢。

一是与世界的绝大部分经济往来，仍不得不以美元等外币计价和结算。2007 年上半年，我国跨境收支结算中美元占 88.77%，欧元占 3.93%，港元占 3.52%，合计外币结算超过 96%。即便经过了近两年跨境贸易人民币结算的快速发展，2011 年第一季度人民币结算的业务量也仅占 7% 左右。

二是所有的对外资产均以外币表示，货币错配问题严重。外币资产绝大部分又转化为央行的外汇储备（目前已超过 3 万亿美元，为世界第一，超过日本外汇储备量近 2 万亿美元），投资于美国国债等金融资产，只是进一步强化了现有美元主导的国际货币体系。在企业"走出去"的过程中，一方面，不能充分利用我国已积累的美元资产为其提供融资，企业不得不以高价在市场获取外币资金，甚至连这种行为也受到极大的限制，进一步削弱了我国跨国公司在国际市场中的竞争力；另一方面，以人民币进行的对外投资发展迟缓，绝大部分是以机械设备等实物出资。

三是人民币跨境流通渠道复杂多样，但经正规渠道流通的有限。我国人民币的跨境流通渠道复杂多样（见表 1.3），主要有探亲馈赠、旅游消费、边贸结算、投资、银行渠道、货币走私等渠道。但因处于初级阶段，发展很不平衡，经正规渠道流通的非常有限，民间金融渠道发展迅速。据不完全统计，仅广西中越边界地区现有地摊银行就超过 300 家。

表 1.3　　　人民币流入周边国家（地区）以及回流的主要渠道

人民币流入周边国家（地区）	主要渠道	1. 入境的外方人员将携带美元现钞兑换成人民币购物后，将剩余人民币携带出境 2. 在部分边境小额贸易结算中，中方在境内以人民币向外方客商和司乘人员支付的零头和小额运杂费，外方人员在回国时将未用完的人民币携带出境 3. 中方人员出境旅游、经商、朝见、探亲携带出境 4. 中方私营企业或个人在周边国家（地区）境外直接投资 5. 中方或外方人员未严格实行申报制度，通过各种方式夹带出境 6. 民间外汇兑换市场、地下钱庄处于周转头寸需要，将人民币现钞携带出境 7. 边贸地区通过银行渠道对外支付人民币
	主要流向	1. 携带人自行持有以备下次入境使用 2. 民间外币兑换点 3. 在边境口岸地区、港澳地区用于旅游、餐饮、交通、服务等相对小额消费 4. 中方人员到国外举办展销会、洽谈会时，双方在互市贸易中使用 5. 在周边国家（地区）的中国商品市场中进行支付结算 6. 港澳地区人民币业务指定银行存款
人民币从周边国家（地区）回流	主要渠道	1. 边贸顺差带动的境外剩余人民币回流 2. 进行边贸的外方人员携带人民币入境，支付部分小额货款、结算零头、口岸零星费用、贸易从属费以及出入境人员费用 3. 来中国探亲、旅游的外方人员携带人民币入境，用于支付食宿费、交通费等小额开支 4. 非居民用人民币到境内购买资产、直接投资、劳务支出等 5. 中方出国人员回国时将所携带的人民币带回 6. 民间外汇兑换市场、地下钱庄处于周转头寸需要，将人民币现钞携带入境 7. 港澳地区人民币通过银行途径回流
	主要来源	1. 携带人将带出的人民币再次携带入境 2. 中方人员入境前在境外外汇兑换点将未用完的外币兑换成人民币带回 3. 通过一些边境口岸流出的人民币被中方或外方人员携带入境 4. 境外民间外汇市场滞留的人民币

资料来源：李东荣主编：《人民币跨境计价结算：问题与思路》，中国金融出版社 2009 年版。

正是基于上述情况，目前国际主要储备货币间汇率的大幅波动，已给我国带来巨大的损失。因此，作为世界经济大国之一，由于货币没有国际化，而国内经济与世界的融合日益加深，已明显成为制约我国经济进一步全球化的障碍，并对我国的经济、金融安全带来了一定的隐患。我国要想长期保持经济稳定增长，并在世界经济之林中拥有立足之地，必须在经济实力不断增强的同时，逐步推进人民币的国际化。

五、人民币区域化可能带来的风险和挑战

人民币的区域化是一把"双刃剑"。符合我国经济、金融发展状况的人民币区域化，将降低我国与世界融合的风险，提高我国在世界经济、金融的影响力；但如果人民币区域化的速度与国内的经济、金融发展不相适应，不论是滞后还是超前，都可能给我国的经济、金融发展，特别是在融入全球经济和金融的过程中带来新的风险。

（一）人民币区域化将加大我国利率、汇率与资产价格的波动幅度，加大货币政策操作的难度

人民币区域化意味着扩大我国金融市场的边界，意味着中国货币政策在影响区域内国家货币供给的同时，也受到其他国家国际货币需求变动的影响。当其他国家经济主体对人民币需求发生变化时，会给中国的货币供求关系造成波动，进而加大利率、汇率、资产价格等金融市场重要变量的波动幅度。同时当滞留境外人民币现钞数量增大到一定程度以后，货币政策执行环境趋于复杂，

现金管理的难度加大，货币政策的有效性可能降低。也就是说，随着海外人民币存量的增加，货币政策受到来自其他国家经济、金融运行波动的被动影响也会越来越大。特别是如果这种外部变化与中国货币当局的调控意愿相反，货币政策制订和执行的难度会更大。

此波动影响有多大，取决于该国际货币发行国政府的政策和金融监管等措施的倾向和着力点。当其政策措施着力于本国市场和本国居民时，其他国家和非本国居民对本币市场影响力就减弱。反之，政策措施的倾向和着力点不清晰或者力度不够时，其他国家和非本国居民对该国际货币需求的变化，对本币市场的影响力就大。Aliber（1964）、Bergsten（1975）认为，美元的国际作用减少了美国执行独立货币政策以及运用货币贬值政策的能力。当美国实施扩张性货币政策时，美国利率下降导致资本流出，国内的紧缩局面得不到改善。Tavalas（1998）认为货币国际运用的成本主要体现在：第一，在钉住汇率制下，外国人偏好的转移可能会导致大量的资本流动，破坏货币当局控制基础货币的能力并影响国内经济活动；第二，在浮动汇率制下，这种转移导致汇率的大幅度变动，可能也会限制货币当局的国内政策能力。还有研究者发现如果日元作为计价货币的运用扩大，日本的货币政策的外部影响将会更大。因而，当日本实行他的货币政策时可能被要求把东亚考虑在内。

无论如何，人民币资产跨境持有所带来的要素价格波动都很可能对中国金融系统的稳定性带来冲击，特别在境外存留人民币达到较大规模以后更是如此。由于一国货币充分国际化的重要前提，是本币的可兑换及资本项目的开放。根据"蒙代尔不可能三角"，资本流动、货币政策独立和汇率稳定只可选择其二。而中国作为一个大国，保持货币政策的独立性是必选之项。因此，人民币国际化势必伴随着跨国资本流动或人民币汇率的波动性加大，从而造成金融市场的不稳定并给中国金融体系带来冲击，特别是在为单纯追求货币国际化而超越本国金融管理能力和市场发育程度、过早过快开放金融市场的情况下更是如此。从国外经验看，在本币国际化过程中，通常伴随着较大的金融风险。20世纪70年代，正是因为担心日元国际化可能降低对日元货币供给的控制力以及可能增加本国汇率波动，日本货币当局并不鼓励日元的国际化。而德国在20世纪60年代和80年代的情况也与日本相似。欧洲中央银行对欧元国际化基本持中立的态度，曾明确提出欧元国际化并不是其政策目标。

（二）人民币区域化将不得不承担部分风险、让度部分利益、容忍一定时期的外汇储备进一步增长

只要我国经济整体保持贸易顺差，并且仍以大进大出为特点的加工贸易为主，那么，人民币国际化将不可避免面临以下两个问题。

一是微观主体使用本币作为国际经济交往的计价、结算的动机不强。由于国际贸易以加工贸易为主，只要进出口采取同一种货币计价、结算，那么大部分的汇率风险在单个企业内就能进行较好的对冲，真正承受汇率风险的只是增加值部分。但是如果企业在进口部分采取人民币计价结算，出口部分由于受议价能力的限制，只能采取外币计价结算，则企业将面临较大的汇率风险。目前采用人民币结算的企业，绝大部分是我国的母子公司或子公司之间的交易，外资企业使用人民币结算的比例并不高。

二是在人民币区域化的进程中，有可能在某一时期反而加剧我国外汇储备的积累。我国对于东亚、非洲等地区以贸易逆差为主，

存在区域的货币输出条件。同时经济整体又表现为贸易顺差，而且人民币长期表现为升值压力。这虽然有利于区域内的境外机构获得、使用并保留人民币，但是只要我国的出口中人民币结算比例没有得到相应的大幅度提高，进口部分人民币使用比例不断上升，这时的贸易顺差会表现为更大规模的外汇储备增加。这本质上是将非政府机构承担的汇率风险转移给了政府，人民币升值的好处更多的为境外人民币持有者获得。

（三）人民币区域化对如何处理资本账户开放、汇率制度改革以及国内金融改革之间的关系提出了新挑战

货币的国际化与本国资本市场的对外开放不可能完全割裂。金融市场是货币功能的展现，外国居民只有认为"本币"有利、有用，才会选择这种货币，这需要以本国资本市场的对外开放为条件。具体来说，当本国允许外国居民进入存款等货币市场时，本币的交易职能才有可能国际化。进一步来讲，只有允许外国居民进入本国资产市场（离岸市场初期主要是本国资本市场的外部延伸），国际化才有可能。推进人民币国际化的过程，不可避免地要涉及我国资本账户和资本市场的对外开放，即使在意图上并不想冲击资本账户的开放，仍可能对我国资本账户和资本市场对外开放的部署造成一定的影响。

资本账户的开放又与国内金融改革与汇率制度改革相联系。资本账户的自由化，在保证货币政策独立性前提下，将不得不调整我国现有的汇率制度。而转向较为市场化的汇率制度，需要国内金融市场一定的自由化为前提。国际经验又表明，不论是国内金融的自由化，还是金融市场的对外开放，都是风险较大的过程，需要协调

改革和各项政策之间的关系。

（四）人民币区域化对中国制订和执行宏观政策的能力提出了更高的要求

在本币成为国际储备货币的国家，其宏观政策对市场的调控影响，往往会超越本币流通的范围渗透到非本币流通的领域。因为各国政府为了调控汇率，都是以国际货币为参照来决定本币基础货币投放水平的。同时金融机构的业务活动也会将国际金融市场状态传递到各个国家。在这种情况下，国际货币发行国宏观政策的制订和执行势必会引起他国的反应，特别在该国尚未占据经济金融霸权地位的情况下更是如此。

（五）人民币区域化需要我国全面提高金融风险管理能力

首先，人民币区域化对金融机构的风险管理能力提出了更高要求。在境外人民币业务不断增加的情况下，中资银行信息不对称的风险加大。银行不仅要充分掌握境内企业的相关信息，还需要对其境外交易对手和境外参与银行进行全面了解。同时，全球各地区对银行流动性管理的要求存在一定差异，不同国家客户资金存取习惯也各不相同。如何科学安排资金投放，合理确定资金价格，完善利率、汇率风险敞口管理等，都是中资银行面对的新课题。此外，人民币结算业务的推进，也对境内商业银行的清算系统和信息系统建设提出了更高要求。

其次，人民币区域化对监管当局管理和防范风险的要求进一步提高。随着资本流动性和商业银行境外业务的增加，金融系统的安全性、稳定性会面临新挑战。对于监管部门来说，如何有效监管金融机构的境外业务，加强对跨境资金流动的监测和管控，强化反洗钱工作无疑是一个全新的挑战。此外，人民币用于国际结算，必然对现有清算系统和清算制度提出更高要求。与美国的联邦电子资金转账系统（FEDWIRE）和同业支付清算系统（CHIPS）相比，人民币清算系统在清算规则和清算效率方面都有较大差距，需要尽快完善和健全。

（六）离岸金融市场过度发展可能与本土市场抢夺货币定价权和金融发展资源

国际经验证明，在国际货币的发展过程中基本都会出现境外本币离岸金融市场的现象，有的离岸金融市场规模甚至超过了本土金融市场。有的国家为抗衡境外本币离岸金融市场与本土金融市场争夺资源，曾试图建立本土的本币离岸金融市场（如美国 1981 年设立的"国际银行业设施"，简称 IBFs；日本 1986 年设立的"日本离岸市场"，简称 JOM①），但结果并不理想。香港人民币离岸市场建立不久，已经出现了不同的人民币汇率（进而产生了套利的可能），如果离岸市场发展过快而国内市场发展不足，很可能出现货币定价权外移的状况。

六、人民币区域化与"特里芬难题"

所谓"特里芬难题"，是指任何一国的货币如果充当国际货币，

---

① 该市场没有法定准备金要求和存款保险金要求，没有利息预扣税，不受利率管制，但仍需缴纳地方税和印花税。

则必然在货币的币值稳定方面处于两难境地①。一方面，作为国际货币须源源不断流向各国以支持全球的经济成长和国际贸易，而这种外流必然使该货币难逃贬值命运；另一方面，充当国际货币又需要维持币值稳定。根据该命题，依靠主权国家货币来充当国际清偿能力的货币体系必然会陷入"特里芬难题"而走向崩溃。以美元为例，金价已经从当年布雷顿森林体系崩溃时的 1 盎司 35 美元，攀升到 2011 年的 1 盎司 1500 美元，意味着美元在 40 年内已经贬值97.7%。

1960 年提出的"特里芬难题"，是以布雷顿森林体系为背景的。在该体系崩溃前的 20 世纪 60 年代，美国经常项目长期保持顺差，美国把美元推向全球的渠道并非贸易逆差而是对外援助、军费开支和资本输出（日本也是靠向包括中国在内的亚洲国家大量发放日元贷款而不是贸易逆差来将日元推向国际市场的）。布雷顿森林体系崩溃以后的 40 年间，在美元汇率、美元占全球官方外汇储备比重以及美国国际收支状况之间，并没有形成此升彼降的准确对应关系。换言之，"特里芬难题"对国际货币体系的解释力并不强。实践情况表明，是浮动汇率、各国政府调控、欧元登上历史舞台以及全球经济一体化等因素的综合作用，才形成了当今的国际货币体系。在这种情况下，应当对"特里芬难题"重新定义：由于美元在国际经济、政治、乃至货币体系中的霸权地位，导致各国持有的美元资产越来越多、美国对外负债越来越大和美国经济越来越不稳定，结果使美

---

① 美国耶鲁大学教授特里芬在 1960 年出版的《黄金与美元危机》中提出："由于美元与黄金挂钩，而其他国家的货币与美元挂钩，美元虽然因此而取得了国际核心货币的地位，但是各国为了发展国际贸易，必须用美元作为结算与储备货币，这样就会导致流出美国的货币在海外不断沉淀，对美国来说就会发生长期贸易逆差；而美元作为国际货币核心的前提是必须保持美元币值稳定与坚挺，这又要求美国必须是一个长期贸易顺差国。这两个要求互相矛盾，因此是一个悖论。"

元面临贬值压力；美元币值的不稳定既加剧了全球金融市场和经济的波动性，又迫使美元资产的持有者为美国经济问题买单。要克服"特里芬难题"，近中期内的可行措施是通过国际储备货币多元化分散美元风险，长期而言最好的出路就是以超主权货币取代美元。

由于在很长时期内人民币不可能达到权重货币的地位[①]，因此对中国来说，"特里芬难题"还是十分遥远的事情。相反，却是美元自己的"特里芬难题"给中国带来了的问题和风险（美元大量输出和美国人过度消费导致中国外汇储备巨大，外汇占款持续增加影响国内货币政策）。特别是美欧为救助经济，不惜加大财政赤字和开动印钞机，而不顾货币走弱，事实上是为本国经济利益而放弃了作为国际储备货币的责任。在这种情况下，推动人民币区域化反而成为近中期化解美元垄断地位所导致风险的可行方法。

综上所述，人民币区域化既有利又有弊，既给中国带来新的发展机遇，又可能带来新的风险。但总的来看，人民币区域化给中国带来的利益远大于弊端。推进人民币区域化，是中国走向世界大国强国的必由之路。在加快人民币区域化过程中，既不能操之过急，过早过快地开放市场和放松监管；也不能以条件不成熟为借口，延宕人民币区域化进程，贻误有利时机。推进人民币区域化，要与国内经济实力和金融市场的发展改革相协调，稳扎稳打；同时要密切跟踪人民币区域化进程，及时发现和解决问题，尽可能减少风险损失。

执笔人：陈道富　张承惠　张丽平

---

① 经过长时间的可兑换和两次重大的国际化努力，日元在全球官方外汇储备中的比重最高只短暂达到过8%，目前只有3%，可见新兴市场货币要挑战美元和欧元并非易事。

第二章

人民币区域化的现状
机遇和障碍

一、人民币区域化的起步与发展

历史上我国在对外贸易中，曾经实行过一段时间的人民币计价结算。20 世纪 60 年代，我国曾经将英镑作为对外贸易的计价结算货币。英镑的大幅度贬值使我国出口遭到损失。为了避免因此造成的损失，1968 年开始，我国决定在对外贸易中用人民币作为计价结算货币，在出口中用人民币报价结算。由于当时人民币对西方国家主要货币的汇价比较稳定，推行人民币计价结算较为可行。人民币计价结算最初在对港、澳地区贸易中试行，后来逐步推广到对欧洲、日本、美国和其他地区的贸易。1973 年布雷顿森林体系解体后，西方货币纷纷实行浮动汇率制度，人民币对其汇价频繁波动。因此，尽管 1971 年中国银行对外增办了人民币远期买卖业务，但人民币计价结算数量却在逐渐减少。

20 世纪 90 年代以后，人民币区域重新启动。如果对人民币区域化的过程进行划分，可以分为被动（起步）和主动（加快）两个阶段。人民币被动区域化阶段的具体时间大致从 20 世纪 90 年代到 2008 年。在此阶段，人民币主要通过边贸方式流入境外，人民币的兑换、运输主要通过非正式金融渠道（如地下钱庄、街头兑换点、个人携带等）进行，境外对人民币的需求主要表现在贸易、旅游等人和物的流通领域。在 2008 年以后的主动阶段，中央政府通过各种政策措施，推动人民币通过正式金融体系走向境外。境外对人民币的需要，开始表现在投资、财富管理和外汇储备等方面。

（一）人民币区域化的起步

20 世纪 90 年代中期，中国边境贸易快速发展。与历史情况相比，人民币在边境贸易中的计价结算是市场选择的结果，而不是国营贸易体制下国家推行的产物。与我国接壤的许多国家经济发展落后，国际贸易并不发达，缺少美元等国际硬通货币，而人民币的币值相对稳定和坚挺，因此在与这些国家的一部分贸易往来中，人民币就成为了计价、结算的媒介（越是缺乏硬通货的国家，在与中国进行贸易时，越愿意用人民币，这就是为什么中蒙、中越贸易中人民币计价、结算的比例远远高于中俄贸易中比例的原因）。

随着边境贸易规模的扩大和中国经济的迅速发展，人民币开始流出境外，成为仅次于美元、欧元的硬通货。目前，在老挝东北三省，人民币已经完全可以替代本币在境内流通，最远深入到老挝首都万象一带。在西南地区，中缅边贸及旅游活动中每年流出、流入的人民币数量庞大；在越南，人民币全境流通，越南国家银行已经开展了人民币存储业务。在西北地区，人民币主要是在中亚五国和巴基斯坦流通。在东北地区，人民币跨境流通到朝鲜以及蒙古。特别是蒙古国，已经把人民币作为主要外国货币，蒙古国的各个银行都开展了人民币储蓄业务。人民币跨境流通量最大的是中国香港地区，人民币可以通过多种途径自由兑换。在中国澳门地区，人民币也得到了广泛使用。进入 21 世纪以来，人民币在部分发达国家和地区开始使用。随着中国游客的不断增多，在欧洲一些国家和美国、加拿大等国的机场以及饭店开展了人民币兑换业务，日本华人比较集中的地区也已经开始使用人民币。

（二）人民币区域化加快推进

在此次由美国次贷危机引发，并于 2008 年波及全球的国际金融危机中，出于应对危机的需要，中国与阿根廷、白俄罗斯、香港、冰岛、印度尼西亚、马来西亚、韩国等国家和地区签署了总额达 8000 余亿元人民币的一系列货币互换协议，使人民币成为潜在的干预货币之一。2010 年 7 月，中国人民银行和新加坡金融管理局签署了 1500 亿元人民币的双边本币互换协议，使货币互换国数量达到 8 个。目前，我国的人民币已被柬埔寨、菲律宾、马来西亚、新加坡等国家直接作为中央银行的外汇储备，俄政府也在酝酿将人民币纳入官方储备"货币篮子"。

2009 年 4 月 8 日，国务院决定在上海市和广东省内四城市开展跨境贸易人民币结算试点，此举意味着人民币区域化迈出了历史性的一步。人民币结算试点于 2009 年 7 月启动，上海、广州、深圳、珠海、东莞 5 城市成为首批试点，有近 500 家企业参与，境外试点主要是中国香港和东盟地区。

2010年以后，人民币区域化进入"提速期"，一系列中央政策密集出台。

（1）2010年6月，人民银行宣布进一步推进人民币汇率形成机制改革，增强人民币汇率弹性。

（2）同月，中国人民银行等六部委联合出台《关于扩大跨境贸易人民币结算试点有关问题的通知》，将跨境贸易人民币结算的境外地域由港澳、东盟地区扩展到所有国家和地区，增加北京、天津、内蒙古等18个省（自治区、直辖市）为试点地区，将广东省的试点范围由4个城市扩大到全省，增加上海市和广东省的出口货物贸易人民币结算试点企业数量。

（3）2010年7月，中国人民银行和香港金融管理局在香港签订了补充合作备忘录。同意就人民币结算安排加强合作，主要改变包括：第一，消除开立人民币企业账户的行业限制，不再限于与贸易或服务相关行业，证券行、保险、基金公司等金融机构，也可以在香港银行开立人民币户口；第二，企业兑换人民币没有上限，个人账户兑换人民币保持每天2万元的限制；第三，香港的个人和企业相互之间可以通过银行进行人民币资金的自由支付和转账。

（4）2010年8月，央行宣布允许境外银行参与中国银行间市场债券交易，打开了人民币投资回流的渠道。

（5）2010年8月，开办人民币兑马来西亚货币（林吉特）交易。

（6）2010年9月，央行修订《国家开发机构人民币债券发行管理暂行办法》，规定国家开发机构发行人民币债券所筹集资金可以直接购汇汇出境外使用。

（7）2010年11月，经中国人民银行授权，中国外汇交易中心宣布，在中国银行间外汇市场开办人民币兑卢布的挂牌交易。此举意味着今后在中俄双方的经贸往来中可以使用各自的本币作为结算货币。

（8）2010年12月，央行发布公告，审定共计67359家企业参与出口货物贸易的跨境贸易人民币结算试点（此前此类试点企业仅为365家），使试点企业扩容185倍。这些试点企业自2010年12月3日起即可按照《跨境贸易人民币结算试点管理办法》开展出口货物贸易人民币结算试点，按照相关规定办理出口报关手续，并享受出口货物退（免）税政策。

（9）2011年1月，央行发布《境外直接投资人民币结算试点管理办法》，该办法允许在跨境贸易人民币结算试点地区内登记注册的境内非金融机构，通过设立、并购、参股等方式，在境外设立或取得企业或项目全部或部分权益，并可以将其所得的境外直接投资利润以人民币汇回境内。

（10）2011年5月，央行官员在"2011陆家嘴论坛浦江夜话专场"上表示，央行拟在年内将跨境贸易人民币结算试点扩至全国。同时，央行正在研究外商直接投资人民币结算（即人民币FDI）的相关办法，并会同外汇局等有关部门一起推动建立人民币外债的管理制度，配合投资的便利化。

（11）同一会议上，国家税务总局官员表示，在上海进行跨境贸易人民币结算可进行退税的试点工作目前已经确定。

至此，人民币流出、境外离岸流通、使用、回流的循环路径初步建成。

二、人民币在边境地区使用情况

（一）人民币兑换

目前，边境地区人民币兑换主要有三个途径。

1. 银行兑换

在边境地区，签有协议的双边银行都可以将对方的货币兑换成本国的货币。例如，在俄罗斯银行客户可以将人民币兑换成卢布。在现实中，货币兑换在我国境内更加活跃。无论是出境由人民币换外币，还是入境由外币换人民币，基本上都是在我国境内完成交易。

银行兑换的成本一般比较高，而且银行兑换点的密度较低，限制了银行兑换的规模。

2. 地摊银行或黑市兑换

2002 年，我们调查边境贸易与人民币区域化时，发现一些地下钱庄利用其经营灵活的优势，在互市点、边境口岸等摆摊设点，提供人民币兑换业务。这一现象在 2010 年的调查仍然非常普遍。在瑞丽，很多商业银行外就坐着兜揽人民币兑换生意的人。这种情况俗称"地摊银行"。地摊银行遍布在我国西南部边民互市贸易区内，提供货币兑换服务。它们没有固定的营业场所，有专门给来往客商兑换双边货币的人坐在路边，招揽生意。这些人多数是妇女，有中国人，也有周边国家的人。

在北方边境地区，也有很多人靠人民币兑换谋生。这些人并不在外摆摊点，往往通过熟人介绍向有兑换需求的人提供服务。

3. 企业兑换点兑换

2008 年 8 月 20 日，国家外汇管理局开始了个人本外币兑换业务试点。经批准，我国境内一些非金融类的一半工商企业可以在试点地区向境内外个人提供外汇换人民币、人民币买外汇的双向兑换服务。根据国家外汇管理局的解释，办理个人本外币兑换业务试点的经营机构属于特许外币兑换商，类似于境外的找换店。目前，该项试点的范围正在逐步扩大。

（二）人民币流出到境外的主要渠道

对于人民币流出境外的总体情况，还没有确切的统计，只有正在成为人民币离岸中心的香港有一些统计。截止 2011 年 2 月，香港离岸市场上的人民币存款增至 4000 亿元。人民币主要通过以下渠道流到境外。

1. 个人合法携带出境

按照 1993 年 3 月 1 日开始实施的《中华人民共和国货币出入境管理规定》，中国公民出入境、外国人入出境，可以在限额内合法携带人民币。2007 年，法定每人每次携带出入境的人民币上限由原来的 6000 元调整为 2 万元。携带人民币出境的主要是出境旅游的游客。

2. 通过贸易结算流入境外

边境贸易中，有相当高比例采用人民币计价结算。周边国家企业对华出口时，若以人民币结算，就可能导致人民币流入境外。通过这种方式流出境的人民币在与我国边境贸易保有大量顺差的国家（地区）比较普遍，如蒙古对华贸易存在巨额顺差，在以人民币计价结算的情况下，蒙方收入的人民币远远高于支出，一部分余额沉淀在境外，成为人民币境外存量的一部分。

3. 境外地摊银行或地下钱庄保有的人民币头寸

地摊银行或地下钱庄在兑换过程中经常会存在人民币结余的头寸，这些头寸一般情况下会被存入我国境内的银行，但也有滞留境外的情况。

4. 货币走私

当货币携带超过规定限额时，就构成了货币走私。货币走私的目的主要包括逃税、洗钱等。

（三）人民币境外使用的情况

为保证国家金融主权，绝大部分国家（地区）只允许本国（地区）的法定货币在境内流通，充当市场的交换媒介，即便是国际硬通货的美元，在美国以外其他国家的国内市场上也难以流通，美元持有人往往需要将美元兑换成当地的货币。人民币由于长期保持币值稳定、坚挺，在我国周边地区较受欢迎，但在当地使用时仍受到一定的限制，例如，使用的场所限于旅游商店、涉外旅馆等；可流通地区限于边境地区；商品的标价往往还是使用当地货币，在收取人民币时按照一定的兑换率将标价折算成人民币收取等。直接用人民币消费时单位人民币兑当地货币的兑换率往往要低于专门兑换点的兑换率，因为店家承担了货币兑换的成本。

分析人民币在境外的流通，要区分"居民"使用与"非居民"使用的情况①。中国游客在境外消费和购物，本质上是自然人流动引发的所在国服务贸易的出口，因此，在这些活动中使用人民币，发

---

① 此处所用"居民"和"非居民"是国际货币基金组织的定义。

生在"非居民"与"居民"之间，是人民币在国际贸易活动充当结算工具。这与周边国家"居民"之间使用人民币流通，具有本质上的差别。认真审视人民币在境外的流通，可以看到，除了在蒙古外，在其他周边国家，人民币的流通主要发生在"非居民"与"居民"之间。

（四）人民币计价结算方式

1. 银行间结算

在与同我国签有双边结算协议的国家开展边境贸易时，可以通过银行间互设本币账户，使用双边货币结算。目前，与我国签订双边结算与合作协议的国家包括越南、尼泊尔、蒙古、俄罗斯和老挝。协议中都有针对一般商品和服务贸易、边境地区商品和服务贸易、易货贸易的结算条款。

以越南为例，我国人民银行与越南国家银行 1993 年 5 月 26 日签订了《关于结算与合作的协议》，并于 2001 年 11 月对该协议进行了修改。新协议规定，两国边境地区的外贸公司和其他经济实体进行的商品和服务贸易的结算，通过两国商业银行按照以下原则进行：第一，可用可自由兑换货币或交易双方协商接受的两国的货币进行结算；第二，以易货方式进行，易货产生的差额的计算由交易双方协商解决；第三，经两国中央银行批准，两国商业银行可在对方国家边境地区的银行开立对方国家的本币账户。边贸结算的差额经两国商业银行协商后可以自由兑换货币进行清算。为方便边民往来和互市贸易，两国商业银行可根据本国具体条件决定设立货币兑换点。

2. 外方在我境内银行开立人民币账户

我国对越、缅边境贸易往来中虽然存在大量顺差，但越南、缅甸商人一般在我国的境内银行开设人民币账户，将对华出口赚得的人民币存放在我国境内，而不是将人民币兑换成本国货币，带回国内。当他们从中国进口时，就会直接从自己的人民币账户中转账到我国客户的账户，一笔交易的结算甚至可能在同一家银行的同一个柜台瞬间完成。这种结算方式对进出口商减少货款支付风险是非常有利的。

3. 现金结算

在我国北方和西南地区的边境互市贸易中，现金结算非常普遍。用现金结算虽然可以使出口商能迅速获得货款，但由于要携带大量现金出入境，有时会危及客商的人身安全。造成大量现金结算的主要原因在于便利，缩短结算时间，降低结算成本。

4. 通过地摊银行结算

归纳起来，地摊银行主要在三个方面对边境贸易结算发挥作用：一是决定结算汇率。人民币与周边货币之间的汇率是由地摊银行决定的，一天内早、中、晚的汇率都不相同。二是货币兑换，为现金结算和银行结算提供结算货币。三是直接提供结算服务。如果有客户需要办理结算业务，地摊银行可以在收取买家付出的货款后，或出据凭证给卖家，卖家到其指定的地点提款，或直接用电话通知其在收款地的联系人，向卖家付款。

三、人民币跨境贸易结算试点的推进情况

2010 年国家扩大人民币结算试点之后，各地人民银行及相关政府部门积极响应，为试点工作的推进做了大量准备工作：一是成立

跨境贸易人民币结算试点工作领导小组，并明确了相关职责和工作办法。领导小组成员通常由人行、财政、商务、海关、国税、银监局等组成，办公室一般设在人民银行分行（中心支行）；二是拟订试点实施方案，出台了诸如《跨境贸易人民币结算试点操作指引》、《境外机构境内人民币银行结算账户管理暂行办法》、《跨境贸易人民币结算试点企业管理办法》等配套政策，筛选了参与试点的进出口企业；三是在巩固原有边贸项下跨境贸易人民币结算工作成果的基础上，对有开展人民币结算亿元的企业和银行进行调查和政策宣讲；四是积极搭建跨境贸易人民币结算渠道。支持境内商业银行与对方商业银行建立合作关系。与此同时，中资银行也在积极探索和解决与东南亚、南亚、中亚各国银行间合作问题，搭建银行边贸渠道。例如2009年9月，中国建行云南分行与缅甸经济银行签订了《人民币清算协议》。并通过多次与合作银行接触、谈判，基本理顺了资金结算流程。人行瑞丽中心支行牵头，联合当地海关、税务、外事办、边防、检验检疫等部门，解决了中缅现钞跨境调运问题，并正式办理了边贸银行汇票结算。

（一）跨境贸易人民币结算试点取得明显成效

跨境贸易试点推进以来，人民币结算量迅速增长，参见表2.1①。

表 2.1　　　　　跨境贸易人民币结算试点业务进展情况

时间段	结算业务量累计（亿元）	增长情况
2009 年 6 月 ~ 2009 年 12 月	35.85	
2010 年第一季度	183.5	为上年下半年的 5 倍

---

① 数据来源：根据中国人民银行各季度《货币政策执行报告》整理。

续表

时间段	结算业务量累计（亿元）	增长情况
2010 年第二季度	486.6	比上季增 1.65 倍
2010 年第三季度	1264.8	比上季增 1.6 倍
2010 年 6~11 月	1970.8	

至 2010 年 9 月末，银行累计办理跨境贸易人民币结算业务 1970.8 亿元。其中货物贸易出口结算金额 177.3 亿元，货物贸易进口结算金额 1570.9 亿元；服务贸易及其他经常项目结算金额 222.6 亿元。为境外参加银行共开立 493 个人民币同业往来账户，账户余额 191.4 亿元。各试点地区共办理人民币对外直接投资等人民币跨境投融资交易 166 笔，金额为 305 亿元。其中，为境外人民币项目融资放贷金额 224 亿元。

2010 年下半年以后，跨境贸易人民币结算业务量迅速增长。根据最新资料，跨境贸易人民币结算 2010 年全年的总量为 5000 亿元，约占进出口贸易总量的 2%。而 2011 年前 4 个月，结算量已达 5300 亿元，超过了上年全年的结算金额。在 2011 年 1 月央行、外汇局会同商务部等部门出台境外直接投资人民币结算试点的办法之后，至 2011 年 4 月试点量已达到 190 亿元。

与此同时，香港人民币贸易结算迅速增长。至 2010 年 10 月底有关结算量已超过 1700 亿元，人民币存款量也较 9 月增长 45.4% 达到 2171 亿元[①]。由于增速超过预期，导致清算行的人民币贸易结算兑换额度，以及参加行存放于清算行的人民币资金额度均出现超额情况。截至 2011 年 4 月末，香港银行系统人民币存款猛增至 5110 亿元，较 2009 年人民币跨境贸易结算试点刚刚推出时高出约 9 倍。

---

① 数据来源：香港金融管理局。

专栏1　云南、新疆跨境贸易和投资过程中人民币结算试点调研情况

目前，在云南的跨境贸易中，美元仍是主要的结算货币。2010 年上半年，出口收汇 21 亿美元，其中以美元结算 13.3 亿美元，占比 63%；人民币结算折合 4.2 亿美元，占比 20%；其他比重结算折合 3.5 亿美元，占比 17%。进口付汇 17.5 亿美元，其中直接支付 15.7 亿美元，占比 89.9%，使用其他货币结算 1.8 亿美元，占比 10.1%。

新疆与周边国家贸易的人民币结算业务还处于起步阶段。由于银行结算渠道少，结算规模小，人民币贸易结算集中在边境口岸和边民互市点，且主要使用人民币现金。2009 年以后，在市场需求和政策推动的共同作用下，中资银行与接壤国家的银行在人民币结算业务方面开始了合作。一些内地商业银行与对方商业银行或政策性银行建立了人民币代理关系。例如云南富滇银行在老挝设立了代表处，巴基斯坦哈比银行、吉尔吉斯斯坦 BSK 银行、越南投资发展银行、越南农业与农村发展银行等先后在我方银行开立人民币结算账户。2009 年至 2010 年 6 月末，累计发生人民币结算 464.7 万元，涉及哈萨克斯坦、巴基斯坦、吉尔吉斯斯坦、塔吉克斯坦、蒙古等国家。从总量看，美元结算占比 95.2%，人民币结算占比仅为 0.01%。

在投资方面，由于目前跨境投资中尚无可使用人民币投资的政策依据，也未建立人民币投资的统计制度，两省均没有发生通过正式渠道开展人民币直接投资的个案，也没有人民币直接投资的统计数据（包括私人用现金投资）。2010 年上半年，云南境外投资资金汇出 9835.8 万美元，其中美元占比 92%，澳元占比 4%，

欧元占比4%。新疆尽管没有使用人民币跨境投资，但出现个别涉及资本项下人民币跨境交易的业务。例如国家开发银行新疆分行与吉尔吉斯斯BSK银行开展了1300万元的人民币授信业务，实际发生贷款208万元。在对蒙古出口贸易中，发生了由境外转汇入中资企业账户的人民币4.99万元，这是新疆首笔资本项下首个统计监测的人民币跨境交易。

专栏2   **跨境贸易人民币结算试点产生的影响**

跨境贸易人民币结算至少在以下几个方面对中国有着积极的影响。

第一，人民币在对外贸易、投资中的使用可以帮助企业从根本上消除通过境外银行或非银行渠道换汇结算中的周期长、汇兑风险大和汇兑差价损失等问题，减少结算环节，节约汇兑成本，增加了贸易利润。云南国税局反映，由于边贸人民币结算渠道的畅通，原来出口企业通过换购美元结算，一般需要7~10天的时间货款才能到账，现在通过人民币结算当天就能到账，大大加快了退税单证的回收速度，缩短了出口企业的退税周期，加快了企业资金的周转速度。

第二，人民币走出去有利于巩固我国和周边国家的经贸利益，使我国与贸易对象国结成经贸利益共同体，在经济上有助于共同发展、共同抵御风险。同时，经贸关系的紧密也会在一定程度上影响到国际政治关系，对我国提升对外交往的主动性和主导性是有利的。此外，跨境人民币业务的发展有利于抵御外部冲击，提高中国应对国际经济金融风险的能力，也有利于提高我国在全球金融体系中的话语权和主动性。

第三，有利于促进我国金融市场的进一步开放与发展，拓展中资金融机构的业务领域，提高其国际竞争力。跨境贸易人民币结算：一是有利于中资商业银行发挥本币优势，包括人民币资金实力、清算系统和经营网点等，在境内外客户的营销服务中赢得主动。二是拓展了与外资同业合作的深度和广度，为境外银行提供包括人民币清算、人民币购售和头寸调剂、人民币拆借和账户透支、货币互存等多方面的服务。三是有利于境内商业银行负债业务发展。境外人民币存量的增加，将直接带动境外人民币存款的增长，进一步拓展境内银行的融资渠道。四是为商业银行发展资产业务提供了巨大空间。通过加强本外部资产业务的链接和整合，提升中资银行的综合服务能力；五是有利于中资银行进一步"走出去"，在海外开设分支机构，并拥有外资银行所不具备的独特竞争优势。六是拓展了中资银行中间业务收入渠道（如结算手续费收入、清算手续费收入、账户维护收入、人民币购售差点收入等）、有利于银行业务调整和盈利模式优化。

（二）跨境贸易人民币结算特点

从试点情况看，跨境贸易人民币结算工作呈现出以下几个特点。

第一，边贸活动中人民币接受程度较一般贸易和服务贸易为高。例如云南的跨境贸易人民币结算中，边贸人民币结算的比重占到86%，一般贸易和服务贸易仅占14%。

第二，边贸人民币结算业务在很大程度上受到地域特征的影响。例如在云南地区，中外居民比邻而居，民族相通，华商众多。加上对方国家普遍美元短缺，因而对人民币接受程度就高。云南瑞丽口岸，使用人民币结算的比例甚至高达 92%。而在新疆地区，中外居民相隔数百公里，加上中亚国家进出口客商普遍存在以美元计价结算的偏好，对人民币的接受程度就低。国家外管局伊犁中心支局对部分外贸企业的调查结果显示，国外贸易伙伴选择美元计价结算的比重达到 90%。

第三，跨境贸易人民币结算中的 85% 来自进口业务。其原因，一是国内出口试点企业受限（企业数量限制在 2010 年 12 月才放松）。而且与进口方相比，出口企业选择币种的影响力相对较低，出口的单笔平均金额也小于进口。二是由于存在中长期人民币升值的预期，境外对人民币的需求旺盛。因此，下一步结算量的增长情况还有待观察。

第四，跨境贸易人民币结算业务量 90% 左右来自中国香港和新加坡，表明其他地区对人民币的接受程度还相当有限。

（三）跨境贸易人民币结算试点工作中暴露的问题及原因

作者在调研中了解到，由于人民币结算可以给企业带来明显的利益，无论是进出口企业还是中方金融机构，对人民币结算业务的推进都十分期待。除了贸易结算以外，在投资领域采用人民币计价和结算的意愿也非常强烈。云南与缅甸接壤，在开发缅甸水电项目时，所需的设计、施工、设备、物资供应均从我国提供，项目融资主要依靠我方商业银行解决，项目建成后 90% 的电量将售给我国电网。这类投资项目如果采用人民币计价和结算，不仅可以节约成本和降低汇率风险，还可以扩大资金清算通道，降低清算风险。据中国人民银行新疆支行的调查，在当前国家主要结算货币汇率波动幅度较大的背景下，为规避汇率风险，降低交易成本，对中亚地区人民币投资有一定的现实需求。此外，辖区内有大量的个人投资者在周边国家开展境外直接投资，对于以人民币进行投资、结算、利润汇回的需求十分旺盛。

尽管跨境贸易人民币结算试点已经取得一定成效，试点过程中也暴露出一些问题。

一是人民币结算量偏小，外商和外国政府对人民币结算、投资的接受程度不高。目前，我国与大部分国家之间的国际经济往来，主要仍依靠美元等外币计价和结算。2010 年，人民币结算量仅占进出口总值的 2% 左右。从典型地区看，新疆人民币结算业务占跨境贸易总额的比重可以忽略不计。云南由于自 2004 年以来国家给予边贸出口人民币结算 100% 出口退税的特殊政策扶持，使得边贸出口人民币结算业务发展迅猛。2010 年上半年，人民币结算在边贸出口中占比高达 97%。即便如此，人民币结算在全部跨境贸易结算中的占比也不过 20%。

与贸易活动相比，对外投资方面人民币接受的程度更低。即便是边贸活动十分活跃的缅甸、哈萨克斯坦等国，普遍也不接受人民币投资。

二是人民币跨境流通渠道复杂多样，但通过正规金融机构渠道流通的十分有限。特别在边境地区，贸易主要以美元现钞和人民币现钞为结算手段，货币兑换主要通过地摊银行进行，银行在其间不过起到提供私下交易便利（为交易双方开设账户）和保障资金安全（利用银行信誉和网络进行异地存取款）的作用。

造成上述问题的原因主要有以下几点。

（1）现有贸易结构弱化了我方定价和选择结算货币的地位。从我国跨境进出口贸易结构来看，出口以国内产能相对过剩、低附加值的轻工产品为主，进口则以国内短缺的资源型产品为主。这种贸易结构，导致我方进出口商在定价和选择结算货币时处于被动地位。同时人民币尚未实现完全可兑换，在货币地位上难以与美元、欧元等国际货币竞争。

我国除了对东盟和台湾贸易存在大量逆差以外，在多数国家和地区对外贸易一直为顺差。如果按照我国与周边国家签署的双边本币结算协议，将有大量中亚国家货币因贸易顺差而流入我国。由于这些国家的货币多为非自由兑换货币，与人民币无法形成基准汇率，结算需通过第三国货币（美元或欧元）进行套算。由此不仅违背了推动人民币流出的初衷，还因这些国家货币稳定性差而加大了汇率风险。

（2）人民币流出渠道不畅。我国除了对东盟和中国台湾贸易存在大量逆差以外，在多数国家和地区对外贸易一直为顺差。如果按照我国与周边国家签署的双边本币结算协议，将有大量中亚国家货币因贸易顺差而流入我国，违背了推动人民币流出的初衷。此外，在出口以低附加值、产能相对过剩的加工产品为主、进口以短缺资源型产品为主的贸易结构下，中国客商对结算货币的选择权也较弱。

（3）缺少人民币回流渠道。在境外人民币市场尚未形成规模效应和能够自我循环、平衡运作的情况下，境外人民币除了进口中国大陆商品、服务和存放银行之外，并无其他合法运用的渠道。境外人士持有人民币很难像美元、欧元等国际货币那样在国际市场上找到丰富的投资避险工具。加上我国对资本账户管制严格，难以满足境外机构或个人将持有的人民币流回境内进行保值增值的投资需求，导致境外贸易伙伴持有人民币的意愿不高。

（4）金融基础设施不够健全。一是周边国家普遍金融发展水平偏低。以缅甸为例，其金融发展程度比中国落后了约30年，境内能够提供人民币服务的银行极少，加上人员素质低、金融机构硬件设施落后等因素，导致中方银行与之开展业务合作十分困难。目前在多数边境国家，尚未设立中资银行分支机构，对方银行也不开展人民币相关业务，包括账户开立、兑换、转账等。二是中国人民银行与我国周边多数国家的中央银行之间尚未建立货币定价机制。由于人民币与对方国家货币均为非国际货币，目前只能通过美元或黑市价格来进行汇率折算，而两者之间可能差距巨大。例如人民币与缅币黑市汇率为1元人民币兑140元缅币，而按缅甸官方汇率折算则为1元人民币兑0.8元缅币，价格相差150倍。如此换算出来的汇率不能真实反映人民币和周边国家伙伴的实际购买力，更使交易双方如何定价和建立便捷有效的清算机制成为难题。三是人民币头寸紧缺。由于缺乏合规、有效的人民币账户头寸补充方式，境外金融同业在境内商业银行的人民币账户资金难以满足业务需求。四是中国与多数边境国家之间尚未签订央行结算协议，加上政治经济体制差异巨大，多层次、常态化的磋商沟通机制和问题处理机制难以建立。

（5）在一些国家和地区（例如中亚），进出口客商普遍存在以美元计价和结算的偏好。人民币没有实现完全可兑换，在货币地位上难以与美元竞争。而且由于周边国家"灰色通关"、逃避税收和监管、高额银行汇费①等因素的存在，客商往往选择外币现钞作为主要

---

① 据我们调查了解，哈萨克斯坦等中亚国家的银行汇费可高达千分之五。

结算手段。

（6）政府相关部门之间协调不够，政策配套措施不完善。由于人民币结算试点工作牵涉面广，需要不同政府部门之间密切配合。但是目前相关部门协调不够，导致在政策配套措施方面存在不少问题。例如尽管国家税务总局出台了相关配套政策，但仍有一些具体操作问题尚未解决。如财政部和国家税务总局联合下发的《边境地区一般贸易和边境小额贸易出口货币以人民币结算推（免）税试点的通知》（简称"26号文"）规定结算银行转账的银行入账单须与出口收汇核销单相匹配，而以往申办退免税手续时并不需要入账单。在中国人民银行、外汇管理局相应办法出台之前，26号文难以操作。由于出口企业的利润空间有限，一旦无法办理出口退税将给企业经营带来巨大影响，因此许多企业目前仍持观望态度，降低了参与跨境贸易人民币结算的动力。据云南省反映，国家实行人民币结算新政（中国人民银行等六部委联合下发的〔2010〕186号文）以后，试点范围、境外地域大幅扩大。但财政部、国家税务总局的26号文反而导致云南实行退（免）税政策的陆路口岸范围被缩减，人民币结算退税受阻。再如目前人民币在边境地区受欢迎程度较高，使用比较广泛，但人民币现钞进出境仍限制较严格，许多境外客商对人民币现钞的需求难以满足。此外据新疆伊犁银监分局反映，尽管2005年中哈两国央行就签订了边贸银行结算协议，但至今中哈双方未签署双边货币互换协议，各家商业银行总行也未授权新疆分支机构与哈国银行建立双边货币结算代理行关系，导致人民币结算在业务操作、代理账户管理、风险控制等方面缺少规范。

四、人民币区域化的机遇、有利条件与障碍分析

（一）人民币区域化面临特殊的历史机遇

此次起源于美国的国际金融危机，深刻揭示了美元主导的国际货币体系的缺陷：危机之前，国际货币体系无法预知和纠正世界经济失衡问题；在危机发生过程中又无法防止资本大规模流动，造成危机在全球范围内蔓延，加剧了经济的脆弱性和失衡。金融危机使国际社会认识到，世界经济已经发生深刻变化，全球化带来资金和经济交流日益频繁和紧密，新兴市场经济体异军突起。在这种情况下，需要重新审视现有国际货币体系，对之进行改革。这种国际货币体系的改革思潮，为加快人民币区域化进程提供了新机遇。由于美国和美元的强势地位，现有国际货币体系进行根本性改革的条件还不成熟。近中期较好的选择，是由国际货币的一元化走向多元化，形成数种国际货币相互制衡的格局。中国作为新兴国家的代表和世界经济的重要引擎，在国际货币体系改革过程中促使人民币走向国际，既是在全球经济分工重新定位中争取主动、谋求更大国家利益的需要，也是中国应该承担的国际责任。亚洲开发银行在 2010 年 7 月发表的报告《未来全球储备系统——亚洲视点》中认为，尽管人民币尚未成为国际货币，但这一进程会比许多人预想的快得多。人民币有望迅速成为国际通用货币，并在各国央行储备中成为美元的替代货币。

（二）中国推进人民币区域化的特殊优势

中国推进人民币区域化的有利条件，除了中国经济前景良好、

人民币币值坚挺、中国在区域经济中作用日益突出等以外，还有香港这一特殊因素。

在当今世界，中国独一无二的优势，就是拥有香港这个一国两制的国际金融中心。在人民币国际化过程中，香港可以在以下方面发挥重要作用。

第一，香港法制完备，市场基础健全，金管局独立运作，这种体制使得境外投资者愿意进入香港进行投资活动。从而使得香港能够在内地条件尚不具备时成为推进人民币区域化的"试验田"和重要平台，在境外人民币结算、境外人民币存款、境外人民币投资和理财等方面发挥聚集人气、构建市场的重要作用，并为大陆提供可资借鉴的经验。

第二，在中国金融市场完备、中资金融机构风险管理能力充分提高之前，香港的人民币离岸市场可以成为大陆的"防火墙"，避免因国际金融市场波动对内地造成过大冲击。

第三，香港的金融监控系统能够帮助中央政府和货币当局实时掌握市场动向，及时发现风险隐患。

（三）阻碍人民币区域化的主要障碍

尽管存在不少有利条件，但人民币区域化的推进还面临很多障碍。

1. 内部障碍

由于人民币区域化是在国内不完全市场环境下展开的，在推进过程中必然会遇到很多障碍。

第一，就金融市场的发展状况看，还远不能满足人民币区域化的要求。一是外汇市场发展水平较低，交易规模小，交易品种少。据国际清算银行 2010 年 4 月调查，全球外汇日均交易量已达 4 万亿美元，其中日本东京为 3123 亿美元，新加坡为 2660 亿美元。与之相比，中国外汇交易中心日均交易量不足百亿美元，不及东京和新加坡的零头。而东京和新加坡在全球外汇交易中的占比仅为 6.2% 和 5.3%。二是资本市场仍不健全，表现在债券市场分割严重，市场规模偏小；股票市场上市制度不够健全，对投资者保护不够，柜台交易市场发展缓慢。三是金融衍生商品市场发展迟缓，金融交易和实体经济缺少避险工具。

作为国际货币，不仅要为贸易和投资带来的支付和结算需求提供方便，也要为实体经济中盈余的人民币提供保值增值服务。而中国不成熟的金融市场很难满足这种金融投资需求，从而难以创造出境人民币回流渠道。另外，也容易因境外资金的进入而给金融市场自身带来巨大的风险。

第二，中国金融机构的业务大量集中在传统的信贷业务上，且具有大而不强的弱点。与发达国家的金融机构相比，风险管理能力严重欠缺。同时，中国金融监管体系应对金融风险的能力相对也较弱。目前，我国的金融体系尚经不起完全开放后带来的冲击，这也是人民币利率、汇率市场化不能快速推进，资本项目不能立即全部放开的原因。而国际经验证明，资本项目开放和货币的自由兑换是一国货币国际化的必要条件（但不是充分条件）。在境外投资者看来，一个被管控货币汇率水平和受到高度监管的金融体系，会大大增加他们持有人民币的成本和风险，因而参与人民币国际化进程的意愿必然受到抑制。

第三，政府部门认识不统一，政策不协调。对于人民币区域化，目前各有关部门在指导思想和工作力度方面尚存在较大差异。反映在具体政策上，就表现为各部门出台和执行的相关政策之间缺乏协调性。一个部门出台了促进人民币区域化政策，另一个关键部门的政策或者不配合，或者调整迟缓，导致前一项政策难以落实。

第四，中央银行的独立性不够。当央行还在将保经济增长、促进就业和社会稳定作为货币政策的重要目标时，当其不得不为救助金融机构和某些行业实施特殊金融政策时，就很难保证货币政策和币值的长期稳定，很难应对国际热钱的冲击，也很难取信于国际货币的使用者。不仅如此，央行独立性不够还可能延误应有的政策调整，从而给经济带来巨大的风险。日元国际化过程中发生严重泡沫经济的一个重要原因，就是日本政府因担心日元升值压缩经济增长空间而错过了调整货币政策的最佳时机。

第五，中国经济实力还不够强大。经历了此次国际金融危机之后，美元的主导地位并没有受到很大影响，其原因就在于美元的地位是由美国的核心竞争力而不仅仅是美元信用决定的。这些核心竞争力包括世界一流的品牌、技术，超强的标准制订和技术创新能力，强大的金融风险管理能力以及军事、教育实力。相比之下，中国产业结构转型和经济发展方式转换尚未完成，硬实力尚逊于美国等发达国家，软实力相差更远。这些因素，决定了人民币的信用和国际地位在相当长的时间内都难以挑战美元和欧元。

2. 外部障碍

从外部环境看，人民币区域化的阻力也很大。中国周边国家经济发展差异巨大，宗教和民族矛盾比较突出。这些国家既依赖中国经济，又对中国的崛起存在疑虑。加上国际河流的开发问题、南中国海领海和岛屿的主权之争，使形势变得更加复杂①。多数国家希望

_____

① 为了解决领海和海岛主权争端，中国早在 20 年前就提出了"搁置争议，共同开发"的主张，期望通过和平谈判、共同开发的方式解决问题，实现"双赢"和"多赢"。然而这个主张并没有得到响应。现状是：争议没搁置，各国竞相开发，突发事件时有发生。

看到的，是一个多极的、维持动态平衡的地区格局。尽管现在中国在区域内的作用极其重要，但一些国家受冷战时期的思维影响，仍然谋求将美国、俄罗斯这样的大国引入区域架构，以形成一个大国力量相互钳制的局面。与此同时，亚洲地区率先崛起的日本，不会甘于看到人民币成为东盟甚至东北亚地区贸易的主要货币。西方一些国家也会对人民币的区域化加以反制。国际上对人民币升值压力持续不减、国际货币基金组织以人民币的自由兑换程度无法达到IMF 有关标准为由，拒绝将人民币纳入特别提款权（SDR）"货币篮子"等实例就是明证。

在这种情况下，至少在中短期内，中国—东盟自贸区（包括其他区域合作机制）不可能具有欧盟那样特殊的区域合作条件，很难建立起大家共同接受的"亚元"。

另一方面，人民币一旦成为区域关键货币，一部分发展中国家在经济出问题时，势必要向中国转嫁风险。就中国的实力来说，能否承受这种外部转嫁的风险还存在疑问。

五、推进人民币区域化的原则和策略

（一）推进人民币区域化的原则

综合以上分析，人民币区域化过程中应坚持以下原则。

第一，循序渐进。根据中国现实状况，推进人民币区域化需要树立长远战略，制订阶段性发展目标，扎实推进。特别要注意避免大刀阔斧、感情用事的盲目举措，否则将很难避免重蹈日本覆辙，使人民币区域化的努力被金融危机断送。

第二，与实体经济紧密结合。人民币区域化要立足于为实体经济服务，尽可能使"走出去"的人民币用于贸易和实体经济投资活动、而不是脱离实体经济的金融投资活动。使之能够促进区域内经贸活动的良性发展，而不是去制造泡沫。

第三，加快金融改革，为人民币区域化提供保障。推进人民币区域化的节奏，需要与国内宏观调控能力和金融体系的发展程度相适应，过快或过慢都不好。换言之，要加快人民币区域化，必须以加快推进国内金融体制改革开放相配合。否则要么是劳而无功，要么是加大金融风险。如果不能加快国内金融改革，则宁可放慢人民币区域化步伐。

第四，对人民币区域化进程保持可控。鉴于人民币区域化可能带来新的风险，中央政府要保持对人民币区域化进程的控制力，以妥善应对可能出现的突发事件。

（二）人民币区域化策略

近中期人民币区域化策略主要有以下几点。

第一，在人民币实现资本项目下可自由兑换以前，政策重点应以促进对外贸易发展为中心，为对外贸易中使用人民币结算创造尽可能便利的条件。贸易发展了，更多的贸易活动中使用人民币作为结算工具了，人民币的区域化也就得到了推进。为此，下一步政策的方向，是减少人民币计价结算中的政策障碍，为使用人民币进行贸易结算创造便利条件。特别是在贸易逆差地区，应继续以人民币贸易结算为突破点，努力扩大人民币结算规模，藉以扩大人民币境外存量。为此，需要进一步完善相关政策和组织体系。

另一方面，在进一步提升边境地区对外开放水平的前提下，要完善边境贸易管理政策，加强与周边国家的政府合作，通过对话与协商，提高在通关、检验检疫、人员往来等方面的便利化水平，争取实现双方海关联合查验、检验结果互认、简化过境手续等，促进边境贸易的大发展。

第二，对经济发展水平较低、拥有资源的国家和地区，以人民币援助、人民币开发贷款等方式，增加人民币的使用，促进当地的资源开发。同时在边境地区，积极开展人民币对外直接投资试点。目前人民币在国际经济贸易领域仅仅担负了两种职能：边境贸易的计价和结算。但是，现实中有很强的对人民币境外直接投资需求。由于相对于一般的跨境贸易和投资，边境地区具有内外信息不对称性较低、风险可控的优势，今后可参照人民币跨境贸易结算始于边境地区的做法，率先在边境地区开展人民币境外直接投资试点。

第三，以区域经济一体化、区域经贸合作为依托，促进人民币向三个方向拓展："南下"——进入东南亚地区和南半球的非洲、拉美。"西进"——进入中国国境线以西的上海合作组织成员国、观察员国、对话伙伴国。"北拓"——进一步稳定和扩大人民币在朝鲜、蒙古的影响，拓展俄罗斯市场。

第四，通过发展香港人民币离岸市场，为境外人民币持有者提供一个合理的投资渠道，同时实现扩大人民币的影响、检验人民币区域化相关制度和政策效果的意图。

（三）进一步完善跨境贸易人民币试点工作的措施

1. 尽快完善配套政策措施

一是在人民币非居民账户（NRA）的开立方面，目前管理办法只涉及开户和销户管理，应进一步明确该账户的具体使用、收支范围、交易对手等，细化管理办法，明确操作规定。

二是进一步完善人民币计价结算的相关操作性规定。目前有关人民币计价结算的报关、核销、退税等问题存在一些技术障碍。有关部门对涉及人民币计价结算核销环节的报关单证、现金携带入境申报单证、转账结算账户划转单证等管理要素尚未做出具体规定，使得人民币计价结算的操作比较困难，建议针对存在问题尽快加以解决。

三是需要加强对人民币和小币种的汇率研究，解决挂牌汇率问题。小币种汇率问题使得中方机构往往比较被动，在一定程度上制约了跨境贸易往来和经济交易。建立有关部门尽快组织力量加以研究，制订合理的官方挂牌汇率，以帮助银行以合理的价格吸引客户结算，逐步取代地摊银行、地下钱庄等不合法的结算方式。

2. 继续扩大试点范围

一方面，应根据实际需要，增加部分海关实际监管、但未纳入此次试点范围的口岸（或通道）作为边境一般贸易和小额贸易出口货物人民币结算退（免）税试点；另一方面，要完善试点企业遴选机制，降低门槛，简化手续，让更多的出口型企业参与试点，尽快全面放开企业在国际贸易中使用人民币计价和结算的限制，最终对凡享有进出口经营资质的企业均允许按照有关规定开展跨境贸易人民币结算工作。

3. 加强沟通协调

这种沟通协调包括三个方面的内容：一是加强中央政府各部门之间的协调，针对试点工作中暴露出来的问题，及时研究出台解决措施。二是加强政府、银行和企业层面的协调，引导企业积极参与人民币结算试点工作。三是加强同周边国家金融监管部门的沟通。

目前，我国同周边多数国家尚未签订高层金融合作框架协议，人民币结算、银行间合作只能依靠商业银行的推动，不仅联系对方银行难度很大，而且往往我方银行总部机构对此也不够积极，导致合作效果不高。为此建议中国人民银行加强同贸易对象国央行的接触和谈判，从国家层面签署合作框架，建立人民币清算渠道，在条件成熟时，签订货币互换协议。此外，为帮助中外进出口企业沟通汇路，方便企业资金调配和安排，有关部门应积极协调贸易对象国金融主管部门，促进在其境内银行开展人民币相关业务，帮助中资商业银行与其建立合作关系，支持中资商业银行在对方国家开设分支机构。

4. 建立人民币跨境回流机制

建立人民币跨境回流机制至少可从以下三个方面入手：一是研究制订银行间人民币现钞回流操作办法和非居民存取款管理办法，规范银行和企业的行为；二是完善人民币现钞调运机制，适当放宽办理银行调运人民币现钞进出境业务的准入资格；三是探索向部分周边国家非居民发行人民币债券，为人民币的海外持有者提供投资渠道等。

5. 调整人民币现金出入境管理政策，放宽限额

目前，在一些贸易结算渠道不畅通的地区，边民互市和边境贸易多通过现金支付结算，导致现金需求量很大。对于这类地区，建议出台适合边贸和一般贸易发展的人民币出入境管理办法。在真实贸易背景下，按贸易实际需求提高人民币出入境的携带额度（如将现行等值2万美元限额调整为等值5万美元），解决现存人民币非法跨境流动问题。

6. 规范民间外币兑换市场

为规范和发展边境贸易，推动与周边国家本币结算，打击恐怖

组织融资和洗钱，减少民间非法倒汇行为引发的违法案件，建议在有效监管的前提下扩大批设货币兑换公司的试点，并将民间兑换交易纳入统计监管范畴。

7. 做好人民币区域化各方面的统计和研究工作

有关部门应加强对人民币在周边国家（地区）的兑换、流通、贸易结算的统计和研究，及时掌握人民币在贸易中使用及境外沉淀的情况。对人民币区域化进程及时有效的监控将有利于化解蕴藏其中的金融风险，充分发挥人民币区域化的积极作用，加速人民币国际化进程。

本章附录

中国香港、新加坡人民币区域化情况考察综述

2010 年 10 月，为考察人民币区域化情况，课题组访问了新加坡和中国香港，与工行新加坡分行、建行新加坡分行、新加坡国立大学东亚研究所、新加坡金融管理局、香港特区政府财经事务局、香港特区政府中央政策组、香港证监会、香港证券交易所、香港金融管理局等机构，就人民币区域化专题进行了会谈。以下为考察结果。

（一）新加坡

1. 新加坡人民币流通情况

（1）现钞。新加坡从 20 世纪 90 年代开始出现人民币现钞市场，

主要从香港流入。目前规模为每天平均流入150万元人民币，现钞多为个人持有。

人民币在新加坡属于非自由兑换货币，在新加坡金管局的官方网站上无相关政策指引，在银行对外公布的外汇牌价上无报价。但是经新加坡金管局批准的货币兑换专营机构①以及部分银行设置在机场的柜台，可以自由办理人民币现钞与其他货币之间的兑换。在消费时，当地部分商家（特别是旅游地商家）接受人民币付款，如使用银联网络刷卡、酒店前台用人民币现钞支付费用、摊贩接受人民币现钞购买商品等。

（2）现汇。2009年7月，中国人民银行等六部委出台《跨境贸易人民币结算试点管理办法》以来，中新之间的贸易可以使用人民币结算。按照新加坡金管局的规定，新加坡的企业和个人可以在办理人民币结算的银行（目前主要是中资银行和当地几家主要银行如DBS、UOB、OCBC）开立人民币账户，同时也允许境外企业在上述银行开立离岸账户进行结算。

人民币现汇的收付除了必须遵守反洗钱和反恐怖融资的规定以外，并无其他限制。但是按照新加坡金管局的规定，非金融机构在办理新元与其他货币的兑换时，受总量不超过500万新元的限制。此规定主要是防止炒作新元，进而破坏新元的稳定性。

在两国贸易往来中选择哪种货币结算，在新加坡没有监管限制，是完全由交易方自主选择的商业行为。2010年上半年，新元升值明显。如果人民币保持升值势头并且与新元升值速度相近的话，将使人民币与新元的汇率保持相对平衡，有利于客户选择人民币结算。

———————

① 新加坡对货币兑换点管理相对简单：只要有投诉就会吊销营业执照。要求兑换点不能发放贷款。至于经营者卷款潜逃风险，主要通过银行与兑换点之间的清算关系加以管理。

如果两种货币的兑换汇率波动较大，则将直接影响比重的选择。中国开展跨境贸易人民币结算试点到 2010 年 8 月，新加坡实现人民币贸易结算 100 亿元，人民币存款达到 40 亿元。

2. 新加坡对人民币区域化的态度

新加坡金管局支持人民币作为结算货币之一使用，而且从打造国际金融中心的愿望出发，希望中国将新加坡作为跨境贸易人民币结算的试验中心。新加坡金管局认为，新加坡有完善的金融环境，是东南亚地区的经济中心，具有较强的辐射力。新加坡已经成为著名的离岸金融中心之一，离岸业务十分活跃，是亚洲美元的最大交易地。同时其财富管理和私人银行业务有很强的竞争力，特别是马来西亚、泰国、印尼的华人有很多交易是在新加坡完成的。因此，新加坡有条件成为第二个人民币境外清算中心。尽管不具备中国香港的条件，新加坡还是努力发展人民币业务。希望继中国香港之后，与中国人民银行签订清算协议，也希望能够在新加坡更多地推出人民币产品，如人民币债券。新加坡金管局认为，中国上海、中国香港和新加坡三个国际金融中心可以扮演不同的角色：新加坡主要辐射南亚地区，中国香港辐射东北亚，上海覆盖大陆以及部分欧美投资人投向北亚的资金。三个中心尽管地理位置相近，但由于各有侧重，即便竞争也是有限的，何况这种竞争还有利于提高效率。

对于人民币区域化的风险，新加坡金管局认为人民币区域化从贸易开始是比较安全的。只要不让离岸人民币资金轻易回流到在岸人民币市场，风险就是可控的。

3. 中资金融机构对人民币区域化的看法

中资银行对人民币区域化非常欢迎，因为中资机构在人民币业务上具有最大的优势。特别是在新加坡对本土银行保护力度远大于中国的情况下①，很多赚钱的业务新加坡金管局轻易不允许外资银行经营，大大压缩了外资银行的利润空间。因此中资银行都希望以人民币业务为突破口，提高中资银行在新加坡的竞争力。

从试点情况看，目前客户主要是中资公司，外企还停留在观察、了解情况的层面。由于境外人民币的使用渠道有限（按我国现行规定，未经批准不得进行投资和融资活动），客户收到的人民币，只能用作支付进口货款之用；加上人民币属非自由兑换货币，只能用于与中国的经贸双边往来，无法与第三国结算，因此目前客户持有人民币的目的以在双边贸易中规避汇率风险或者利用国内人民币远期价格与国外的价差做无风险套利为主，长期持有的愿望并不强烈。

对于中资银行来说，开展人民币业务也存在一些困难：一是新加坡监管当局规定，外资银行从总行获得的头寸必须大于回流到国内的资金头寸。由于境外人民币没有投资渠道，只能汇回总行，结果被监管当局视为存款回流；二是作为境外人民币结算代理行，现只能做单边业务，不能将结算收取的人民币用于放贷或做贸易融资，结果轧差只能或者到香港清算，或者到国内清算，而这两条途径都不够顺畅。前者会增加银行经营成本，后者又要求必须有外贸凭证，保证真实贸易背景。

---

　　① 新加坡将商业银行分为三个等级：离岸银行、批发银行、合格全面银行。只有合格全面银行才能经营所有的银行相关业务。目前工行、建行、交行的新加坡分行均只拿到批发银行牌照，尚不能经营零售业务。合格全面银行牌照又分三种情况：第一级为本土银行，享有最大的经营便利；第二级为特许银行，该类牌照只有 5~6 家外资银行获得，业务限制多于前者；第三级为普通全牌照，在经营规模、设立分支机构方面有较大限制。目前中资银行只有中行获得此牌照。在新加坡，外资银行要做新加坡本币业务限制很多，而做离岸金融却受到鼓励，因为新加坡政府认为新加坡是一个小国，新元过于国际化会影响其经济金融稳定。

（二）中国香港

1. 中国香港对人民币区域化的态度

从建设香港国际金融中心的目标出发，香港对人民币区域化持有非常积极的态度。特首曾荫权在2010～2011年度施政报告中，将建设离岸人民币业务中心作为香港国际金融中心的三大发展目标之一。中国香港政府认为，作为全球第三大金融中心、第六大证券市场、第二大基金资产管理中心和内地企业首选的融资中心，香港有能力担当国家金融改革的试验场，扮好"先行先试"的角色。在建设人民币离岸市场方面，香港的优势主要有以下六个方面。

第一，在"一国两制"下，香港人民币市场与内地市场的联结点较少，在风险控制方面有着天然的屏障。

第二，基于普通法体系、完善而独立的法制体系和监管体系，香港可以有效地控制人民币区域化过程中的风险。

第三，在香港发行人民币债券融资的成本较内地为低，人民币债券市场空间巨大。

第四，香港金融业具有丰富的国际市场经验和视野，有能力开发不同类型的人民币产品。

第五，众多内地金融机构已经在香港开展业务，管理人民币资产，两地这种密切的合作关系，也有利于香港进一步发挥内地金融机构"走出去"的平台作用。

第六，香港金融监管当局与内地金融监管部门联系紧密，有利于及时沟通情况和早期发现风险。

2010年，中国人民银行与香港金管局签订清算协议，并启动人民币与港币的货币互换，这是香港人民币离岸市场建设的突破性进展。对此，香港特区政府是十分满意的。

2. 香港人民币业务发展情况

2004 年 2 月，香港以试点形式推出个人人民币业务；2006 年以后，正式在香港开展人民币业务，各种人民币金融产品不断增加。根据香港金管局公布的数据，从 2009 年 7 月人民币跨境贸易结算试点措施实施到 2010 年 9 月，累计通过香港的人民币贸易结算额达1078 亿元，占比 54％。已有超过 100 家银行与香港清算行签订有关协议，其中包括 30 多家海外银行。2009 年末，香港人民币存款余额627 亿元，到 2010 年 12 月则上升为 2100 亿元，增长率超过 200％。其来源，主要是贸易结算、中国央行与其他国家央行之间的货币互换，人民币对外投资、人民币贸易融资、人民币贷款等。香港中资清算银行的 80 亿元人民币额度，到 2010 年 10 月便全部用完，香港方面希望中国人民银行 2011 年进一步增加银行的兑换额度。

目前，香港金融市场人民币产品种类达到十余种，其中债券产品的发展尤为引人注目。2007 年国家开发银行首次在香港发行人民币债券，2010 年麦当劳在香港发行人民币债券，均引起香港各界关注。到 2010 年 10 月末，在港发行的人民币债券累计达到 534.8 亿元①。2010 年当年，估计发行人民币债券总额达到 180 亿元左右。

目前，香港发展人民币业务遇到的问题，一是人民币存量不足。尽管数量增长很快，但目前香港市场的人民币存款只有 1300 多亿，仅为内地人民币存款余额的千分之二左右②。据金融界人士估计，香港人民币离岸市场至少要有 2 万亿以上的人民币存量才能运转起来；二是直接投资内地的机会有限。目前人民币投资工具仅限于人民币

---

① 数据来源于香港证监会。

② 截至 2010 年 12 月，香港人民币存款余额达到 2100 亿元，占内地人民币存款量的比重为千分之三。

债券和少量人民币计价基金，而人民币债券每年在港发行量只有内地发行量的千分之一。这种供小于求的状况，经常导致市民抢购人民币债券。

3. 香港金融界有关人士对人民币区域化的看法

（1）应关注人民币区域化的风险问题。当香港离岸人民币中心运转以后，投机者可以将境外人民币市场的汇率、利率炒高，进而对境内市场产生压力（例如 2010 年 7 月，香港人民币市场汇率与上海外汇交易市场出现较大差价：上海是 1 美元兑 6.65 元人民币，香港是 1 美元兑 5.57 元人民币）。目前两个市场之间的汇率差价在 150～1400 个基点区间波动。平均达到 700 个基点。而差价一旦超过 300 个基点即可能出现套利活动。由于目前市场规模很小，风险不大也容易应对，但今后一旦人民币市场规模放大、人民币计价产品增多，则风险会因杠杆作用而急剧放大。

在人民币区域化的早期阶段，外汇储备会再次大量增加。因为原来需要使用外汇支付现在使用人民币即可，实际上减少了外汇储备的使用量。从香港发行人民币债情况看，居民并非使用在港滞留的人民币购买债券，而是用港币兑换（规定每日可以兑换 2 万元）人民币之后购买。因此，如果不理顺外汇使用渠道，相关动作会带来更大的外汇流入压力。

对于人民币"走出去"的风险，部分人士建议，①中央政府要有系统考虑，并建立起各相关部门有效配合的快速反应机制。因为一旦出事，事态的发展将不是以"日"计算而是以"小时"计算。如果管理架构不到位，出事后应对迟缓，给中国造成的损失将可能是巨大的。②对于相关业界的一些要求，不能过于纵容，因为商业机构多考虑商业利益而不是国家利益。内地与香港之间要建立固定的互动交流机制，同时中国人民银行应该在香港设立办事处。③要放弃"贸易货币—结算货币—储备货币"的三步走思路，因为人民币走出国门后，其履行何种功能并不受中国政府的控制。目前人民币已成为马来西亚的储备货币（新加坡也已将人民币纳入储备货币盘子），阿拉伯国家可能也会对人民币作为储备货币有兴趣。

（2）目前香港人民币市场存款量大而只有很少贷款（因贷款需求不足），有人建议，将来随着人民币存量和贷款数量的增加，中央银行可以考虑颁布一个"境外人民币基准利率"，以有效管理市场预期。

（3）对于香港市场人民币产品，有不同意见。一种观点认为，要加快拓展投资渠道，推出一批新的人民币计价产品。由于国际金融危机之后不少投资人对美元丧失信心，正在寻找替代美元、欧元的产品。机不可失，应抓住这个机遇。短期内应加快推出小 QFII（境外人民币通过境外中资机构投资于 A 股市场），中长期则应大力发展香港人民币债券市场。另一种观点认为。在初期阶段不要放得太快，短期内大量金融产品上市，交易风险可能难以控制，目前多发展一些支持实体经济的融资活动为好。人民币对境内直接投资（FDI）和人民币对外直接投资（ODI），则应加快步伐，如将个案审批改为备案审批，扩大人民币债券的发行规模等。

（4）对于人民币区域化的前景，部分金融界人士认为不可乐观。其理由，一是现有国内金融环境不支持企业大量、长期持有人民币，因为人民币是非自由兑换货币，一旦人民币升值预期改变，企业和个人将面临巨大风险。目前越来越多的企业愿意用人民币结算，机构和个人想方设法增加人民币头寸，并非人民币本身值得信赖，而是由于人民币升值预期。二是东盟区域内国家多为美国盟友，人民币小打小闹还可以容忍，一旦整个经济都受到人民币影响就成为政治问题，这些国家不会愿意看到这种情况。三是从日元国际化经验教训看，一国货币走出国境是很不同容易的。日元国际化在20世纪90年代中期发展迅速，国际储备中日元比例一度达到9%～10%。1995年广场会议后，日元大步倒退，现在国际储备中占比只有3%不到，完全无法动摇美元的地位。这部分人士认为，中国要想清楚人民币区域化的目的何在？人民币未来究竟要扮演什么角色？人民币区域化不是一个纯经济问题，而是与政治甚至外交、军事都有关系。第二清算中心给不给新加坡是个政治问题。新是美国的盟友，是美国最大的经济基地，加上中一新之间联系的紧密程度远不及大陆和香港，因此不主张在香港之外再设立第二个人民币清算中心。

（5）对于香港来说，离岸人民币市场的发展，将吸引国际游资进入进而抬高资产市场价格。对此，有关人士认为，不仅是香港，整个亚洲都面临同样问题。对此，可以通过增加土地供给、征税、提高首付比例、降低购房者负债率等手段加以解决。

执笔人：张承惠　张丽平

第三章

区域经济一体化与
人民币区域化

在当前我国金融业发展水平仍然较低，资本项目尚未全面开放之际，人民币国际化不可能一蹴而就。但随着我国对外开放水平不断提升，占全球贸易和投资的比重越来越高，在与我国经济往来日益密切的部分国家和地区，率先实现人民币货币职能的国际化是有可能的。因此，人民币区域化可以成为人民币国际化的阶段性目标。

一、人民币区域化可率先在周边国家和地区实现

（一）人民币区域化与对外经贸关系发展密切相关

人民币区域化就是人民币在境外某些国家和地区成为结算、计价和储备货币的过程，人民币的区域化（国际化）实质上就是其货币职能在境外的延伸。区域化与国际化的区别只在于延伸范围的不同和发展阶段的不同。一般来说，货币区域化的起始阶段首先体现

在其跨境结算功能的实现，随着越来越多的国家和地区将该货币作为支付工具，其他国家也可能在国际贸易和投资中将该货币作为计价单位，而当该货币跨国使用量和范围足够大的时候，其他国家也开始储备该货币，将之视为是财富贮藏的手段。这个时候，货币的国际化就已经基本实现了。

正如货币的诞生是商品经济发展到一定程度、为了降低交易成本而出现的，国际货币的出现是因为在国际经济交往中需要普遍接受的一般等价物以降低交易成本。在金属货币退出历史舞台之后，由于世界各国都是自己发行货币，那么在国际经济交往中使用哪一种货币就取决于这种货币的可获得性、可使用性及其币值的稳定性。

有的文献曾经总结货币国际化的条件，如国家的经济规模、国际贸易地位、金融市场成熟程度、货币的可兑换性及公信力以及历史惯性等[1]。这些条件都是根据历史上国际货币的使用情况以及国际货币体系演变的实践中归纳而来，实际上仍是对国际货币必须满足的可获得性、可使用性及其币值的稳定性这三个条件在实践中的注释。

比如说，一个国家参与国际贸易程度高，进口规模大，才有可能向其他国家供应本国货币，满足该货币在国际上的可获得性问题。但是，如果一个国家经济规模小，即使其贸易开放程度再高，进口规模以及货币发行规模都有限，货币可获得性就会成为一个问题。同样的，如果一个国家经济规模小，出口竞争力差，向国际市场提供的商品和服务少，金融市场不开放，货币不能自由兑换，别人拿了你的货币不能用，这就会产生可使用性的问题。而币值稳定，持

---

① 李晓、丁一兵等：《人民币区域化问题研究》，清华大学出版社 2010 年版。

有该货币的风险小，人们就愿意持有该货币。历史惯性反映的是货币所具有的网络的正反馈效应。越多的人使用一种货币，其作为一般等价物的好处就越明显，就会有更多的人使用这种货币，而如果转换成另一种货币的机会成本较高。如果存在历史惯性，哪怕该货币的发行国在其他条件上如经济规模、币值稳定、贸易地位等方面不再有优势，人们仍会在相当长时期内继续使用该货币。

历史上英镑和今天的美元都担任过国际货币的角色，目前欧元和日元在一定区域内也有广泛的使用范围，就是因为这些货币在全球或是区域范围内满足可获得性、可使用性且币值相对稳定。如果人民币要想走出国门，让其他国家和地区愿意在国际经济交往中使用人民币，那么一定是因为这样做的交易成本低于其使用本国货币或国际货币。

在人民币走出国境的起始阶段，区域化应该首先出现在与我国经贸关系往来密切的国家和地区。经贸关系密切，指的是中国与这些国家和地区存在大量的双边贸易、投资以及人员往来。因为经贸关系往来密切，中国才有可能向这些国家和地区提供人民币，这些国家和地区也有使用人民币的渠道和需求，人民币的可获得性和可使用性的问题才有解决的可能。

当这些国家和地区与中国进行经贸往来时，使用哪种货币面临三种选择：一是使用本国货币，二是使用第三国货币，三是使用人民币。对于其他国家而言，最佳选择是使用本国货币，但前提条件是中国要接受使用该货币用于交易，这一点对于美国来说不成问题。但如果美国企业或个人在中国境内投资或是消费，还是需要把美元兑换成人民币，这里面仍然有交易成本。对于美国之外的国家而言，与中国开展经贸往来可能会使用第三国货币，比如说美元。其交易成本显然要高于使用本币，因为到中国投资或消费需要转换两次货币。如果直接使用人民币比使用其他货币相比更加便利、交易成本更低、持有的风险更小，其他国家和地区与中国开展经贸往来时就会选择使用人民币，人民币区域化的条件也就初步具备了。

为什么人民币区域化不可能出现在与中国经贸往来较少的国家和地区呢？首先，若中国从这些国家进口和对其投资较少，对方缺乏获得人民币的途径；其次，如果这些国家从中国进口和对中国投资较少，即使手里有人民币也用不掉。只有当人民币国际流通范围足够广，产生的网络效应足够强的时候，与我国经贸往来较少的国家也有可能也使用人民币结算和计价。这是因为如果大家都使用人民币，使用人民币交易成本会比较低，即使得不到或是用不掉人民币，也可以通过货币兑换解决。

（二）周边国家和地区与我国经贸关系紧密

与我国经贸关系密切的国家有哪些呢？我们可以从贸易、投资和人员流动三方面来考察。一般来说，货物贸易的规模比直接投资要大很多，因此是货币跨境结算的主渠道。而人员往来可以反映出服务贸易以及现钞货币跨境流动的规模。

从表3.1和表3.2中可以看出，与我国经贸和人员往来最密切的国家与地区中，周边国家和地区占多数，非周边国家主要是西欧和北美的发达国家。其他一些与我国相邻和相近国家排名也相当靠前，只不过这里没有显示。其中部分国家由于经济规模较小，占我国贸易比重较低，但这并不表示该国与我国经贸关系不密切。如果计算我国占对方贸易的比重，可以清晰地看出中国在其经济中的重要性（见表3.3）。

表 3.1　主要经贸伙伴占我国出口、进口、直接投资流入和流出的比重

贸易伙伴			吸收外商直接投资		对外直接投资	
国家和地区	出口占比（%）	进口占比（%）	国家和地区	占比（%）	国家和地区	占比（%）
欧　盟	19.7	12.7	中国香港	60.0	中国香港	63.0
美　国	18.4	7.7	中国台湾	7.3	开曼群岛	11.0
日　本	8.1	13.0	日本	4.6	英属维尔京群岛	5.7
东　盟	8.8	10.6	新加坡	4.3	澳大利亚	1.8
中国香港	13.8	0.9	美国	4.0	新加坡	1.8
韩　国	4.5	10.2	韩国	3.0	南非	1.7
中国台湾	1.7	8.5	英国	1.6	美国	1.3
德　国	4.2	5.6	德国	1.4	俄罗斯	1.0
澳大利亚	1.7	3.9	中国澳门	1.1	中国澳门	0.8
马来西亚	1.6	3.2	加拿大	1.1	哈萨克斯坦	0.8
新加坡	2.5	1.8			巴基斯坦	0.7
印　度	2.5	1.4			加拿大	0.7

　　说明：贸易数据来自海关总署，为 2009 年数据。吸收外商投资为 2009 年数据，对外投资数据是截至 2008 年底的存量数据，数据来源于商务部，均未包含金融部门的吸收外资和对外投资数据。吸收外商直接投资数据已包括这些国家和地区通过自由港对我国的投资。

表 3.2　　　　我国主要入境旅客来源地和出境旅客目的地

入境来源地	占比（%）	出境目的地	占比（%）
中国香港	61.1	中国香港	39.4
中国澳门	18.0	中国澳门	31.2
中国台湾	3.5	日　本	3.6
日　本	2.6	韩　国	3.2
韩　国	2.5	越　南	2.2
俄罗斯	1.4	俄罗斯	2.0
美　国	1.4	泰　国	1.8
马来西亚	0.8	美　国	1.7
新加坡	0.7	新加坡	1.6
菲律宾	0.6	马来西亚	1.4

　　说明：入境为 2009 年数据，出境为 2007 年数据，均来自于中国国家旅游局。

表 3.3 　　　　　　　　中国占部分周边国家和地区进出口贸易比重

国家和地区	出口总额（%）	进口总额（%）	进出口总额（%）
朝 鲜	36.9	56.9	49.5
中国澳门	12.3	46.1	45.9
蒙 古	64.5	27.8	44.0
中国香港	48.2	12.0	43.3
缅 甸	9.8	52.1	25.3
中国台湾	26.6	14.0	20.5
韩 国	21.7	17.7	19.6
哈萨克斯坦	13.4	25.0	17.4
日 本	16.0	18.8	17.4
老 挝	17.8	14.9	15.8
越 南	7.7	19.8	14.5
吉尔吉斯斯坦	2.7	17.9	13.6
尼泊尔	2.7	11.2	9.6
巴基斯坦	3.6	11.2	8.7
印 度	5.4	10.8	8.7
俄罗斯	4.5	13.0	7.6

说明：数据来自联合国商品贸易数据库，中国商务部，美国 CIA World Factbook。尼泊尔为 2009 年数据，其余均为 2008 年数据。

尽管中美、中欧、中日之间经贸关系紧密，但由于美元、欧元、日元已经是主要的国际流通和储备货币，对方使用人民币带来的好处相对有限。其中日本在经济区域上属于我国周边，与我国的经贸和人员往来比较密切，日元的国际流通性和作为国际储备货币的重要性也不如美元和欧元，如果有一天人民币国际化在这三个国家和地区能够实现，那么实现的顺序应该是日本先于欧盟和美国。从目前的情况来看，日本已经对人民币贸易结算表现出强烈的兴趣，而欧盟和美国则没有，再次说明经贸关系的紧密程度以及对方货币的可兑换性对于人民币区域化的需求是不一样的。

而我国周边的发展中国家和地区和我国经贸关系特别是人员往来密切,自身货币不是国际流通货币,用第三国货币结算交易成本相对较高,是最有可能实现人民币区域化的地区。这与人民币当前在境外流通的实际基本相符。目前,人民币在我国港澳地区以及周边邻国如蒙古、越南和其他东南亚国家特别是与我国接壤的边境地区有相当大的流通量。

汇丰银行最新的一项针对全球21个市场6000多家贸易企业的调查显示[1],人民币预期将首次超越英镑成为全球贸易企业在2011下半年考虑采用的三种主要结算货币之一;在中国内地,预计2011年内人民币将超越欧元成为贸易企业结算货币的第二选择,仅次于美元。从该银行的调查中,可以明显看出与中国经贸关系紧密地区特别是周边地区使用人民币的意愿要远高于其他地区。

例如,在东南亚地区,计划使用人民币的受访企业达16%,超过计划使用英镑的受访企业(3%)。中东地区的受访企业中,13%表示未来半年内会在跨境贸易中使用人民币结算,高于计划使用英镑的企业(10%)。而在澳洲,当地贸易商未来半年中会用人民币结算的比例(6%)也将与计划使用英镑的企业比例持平,并列第三。

从香港、澳门和中国内地来看,人民币受欢迎程度更高。三个市场总体而言,预计2011年下半年使用人民币结算的企业达45%,超过欧元(27%),仅次于美元。在中国内地,约1/3(34%)受访企业预计未来半年会在跨境贸易中以人民币结算,超过计划使用欧元结算的企业(26%)。而在半年前的上一轮调查中,选择欧元的比例(25%)还略高于选择人民币的比例(24%)。其中,60%的香

---

① 汇丰银行报告:《汇丰调查:预计人民币今年将成全球贸易企业选择的三大主要结算货币之一》,2011年5月4日。

港受访企业计划使用人民币进行贸易结算。

上述事实表明，人民币的周边化已经取得了很大进展，而且是由市场自发选择取得的成果。但如果要实现人民币区域化，为人民币国际化奠定坚实的基础，必须实施主动的政策推进并建立制度性安排。

二、区域经济一体化与货币区域化的关系

不仅人民币的区域化将首先在经贸关系紧密的周边国家实现，其他主要国际货币的发展历程也是如此。如英镑和法国法郎在自己的殖民地、美元在拉丁美洲、日元在东南亚、欧元在东欧和地中海沿岸的扩张都呈现出这样的特点。而且，通过建立区域经济一体化式的制度性安排，可以进一步扩大区域内的经济联系，夯实货币区域化的基础，加速货币区域化的进程。当年英国和法国分别与自己的殖民地建立了优惠性的区域贸易安排，在促进宗主国和殖民地之间的要素流动上发挥了积极作用，同时也强化了英镑和法郎在各自殖民地体系内的主导地位。即使在殖民地体系崩溃之后，由于历史惯性的原因，英镑和法郎的国际地位仍长时间得以维持。欧元的形成和扩张就更加明显，先是在区域内实现经济一体化，然后部分成员创造共同货币，然后再吸收新的区域内成员，并随着欧盟的扩张而扩张。

（一）区域经济一体化的概念和形式

区域经济一体化是与经济全球化相对应的概念，指的是一个区域之内的贸易和投资壁垒的消除和经济一体化程度的加深。为了加

深区域经济一体化，各国可能会采取一些制度性的安排，互相开放市场，提升经济体的融合程度。这些制度性安排根据经济的一体化程度可以分成以下几种形式。

（1）自由贸易区：成员国之间废除关税和数量限制，实现商品的自由流通，但每个成员仍保持对非成员国的贸易壁垒。这是目前最普遍的一种区域经济一体化的形式，典型的例子有北美自由贸易区、东盟自由贸易区等。

（2）关税同盟：在自由化程度上比自由贸易区更进了一步，除自由贸易区内容之外，还规定了成员国对非成员国制定统一关税率和外贸政策。典型的例子有南部非洲关税同盟。

（3）共同市场：比关税同盟又高一层，不仅商品、而且资本和劳动力等生产要素都实现自由流通，如中美洲共同市场。

（4）经济同盟：除商品和生产要素自由流通之外，还要求成员国制定某些共同的经济政策和社会政策，使一体化扩大到生产、分配乃至整个国民经济。典型的例子是欧盟。

（5）完全的经济一体化：成员国经济、金融、财政等政策完全一体化，经济实现联合。目前还没有这样的例子，欧盟在朝这个方向努力，但还没有成功。

理论上来说，没有这些制度性安排，不代表经济一体化程度低。但通过市场力量发展起来的经济一体化发展到一定程度必然会受到现有政策壁垒的阻碍，这时候必须通过国与国之间正式谈判达成的制度性安排进一步推进区域经济一体化。

（二）从国际经验看区域经济一体化与区域货币的关系

区域经济一体化的主要目的是推动区域内产品和要素的自由流

动，区域内的货币合作或是货币的区域化一般不是区域经济一体化的初始目的，但很可能随着区域经济一体化的深入成为经济一体化的最终成果。从目前国际上区域经济一体化的各种形式和经验来看，区域经济一体化与区域内货币的关系存在以下三种情形。

1. 使用区域内某一国货币为主

以北美自由贸易区为例。墨西哥比索在 20 世纪 90 年代就已经基本实现了资本项目下的可兑换，而加拿大元也是当前国际上七种可自由兑换且流通性较好的货币之一，但北美自由贸易区以使用美元为主。这是因为美元本来就是最主要的国际储备货币，美国经济规模与墨西哥和加拿大相比占据压倒性的优势，而且作为区域内的最终市场和投资来源地，美国是货币提供者。由于美元的优势是如此明显，不仅美加、美墨之间的贸易使用美元结算，墨西哥和加拿大之间的贸易也基本上使用美元结算，而不是用各自或对方的货币。

2. 使用区域外某一国货币为主

如东盟自由贸易区使用美元。尽管东盟几个主要国家的货币也实现了资本项目下的自由可兑换，但这些货币无一是国际上普遍接受的流通和储备货币。而且东盟总体上是一个出口导向性的经济体，内部市场相对较小，东盟区域内贸易占整个东盟对外贸易的比重只有 24.5%，其出口产品的最终市场在区域外，特别是美国、欧盟等发达国家和地区。在这种情况下，他们自然会选择最大的客户的货币、同时也是国际上最主要的流通和储备货币——用美元作为结算货币，以降低交易成本。

3. 创造一个新货币

如欧盟部分成员国放弃本国货币创造欧元。欧盟的发展可以说是区域经济一体化的典范。从 1952 年的欧洲煤钢共同体开始实施优惠性的区域贸易安排，到 1957 年的《罗马条约》建立关税同盟，到 1971 年提出分阶段实施经济和货币联盟，1979 年开始建立欧洲货币体系，1991 年欧共体签署了俗称"马约"的《政治联盟条约》和《经济与货币联盟》，标志着欧洲经济一体化向纵深发展，然后 1999 年欧元启动，到 2002 年欧元成为欧元区内唯一货币。

　　欧元区从本质上来说是一个货币同盟。货币的统一不仅大大降低了货币兑换等方面的交易成本，促进了商品和要素的流通与市场的一体化，而统一的货币政策还可以消除汇率不稳定带来的宏观经济波动，并在一定程度上可以协调财政政策，促进了区域内的宏观稳定。继欧元之后，世界上若干区域经济一体化组织也考虑建立区域货币。明确取得共识，并提出时间表的有，海湾合作委员会（包括沙特阿拉伯、阿拉伯联合酋长国、科威特、卡塔尔、巴林和阿曼）以及东非共同体（包括肯尼亚、乌干达、坦桑尼亚、布隆迪和卢旺达）等。还有一些建立区域货币的提议只是停留在学术探讨层面，或是没有得到有关政府的支持，或是缺乏现实的政治和经济基础。

　　从欧盟和其他计划建立新货币的区域经济组织的经验来看，经济一体化程度必须达到关税同盟以上，接近共同市场和经济同盟的水平，才有可能创造一个全新的货币。理论上说，世界上还存在一些货币同盟，但很多都是一些小经济体采用相邻大经济体的货币形成的同盟，如不丹使用印度卢比，列支敦士登使用瑞士法郎等。如果要创造一个新货币，这个货币同盟中的某个成员国的经济规模不能比其他成员国大太多，否则这个国家就没必要放弃自身的货币。欧元区中的德国经济总量一直排在世界前列，但法国、西班牙、意大利等国也相差不远，因此各方才有可能达成放弃各自货币的共识。

相比之下，加拿大曾有学者建议在北美自由贸易区内建立一个全新的区域货币以取代现有的三国货币，这种观点在墨西哥和加拿大都有部分人支持，但在美国没有任何市场。

从上面的分析可以看出，货币的区域化一定是随着经济一体化程度不断加深的情况而逐步发展的，不论是区域内某种货币的区域化还是整个区域创造一个新货币。美元和日元的国际化道路虽然没有过多地借助区域经济一体化的制度性安排，但仍然是靠自身经济对外影响力和辐射力增强、与其他国家经济融合度上升而逐步实现的，只不过单纯靠市场自发形成的力量来推动的话，时间将十分漫长。而通过制度性安排和政策推动，货币区域化和国际化的进程可以加速实现。

人民币在境外流通量大的地方都是一些和我国经贸、人员往来密切的国家或地区，特别是在与我国接壤的边境地区。在有些边境地区，人民币甚至比对方国家货币更受欢迎，但一旦深入对方内陆地区人民币却无法流通。根本原因就在于边境地区人员和经贸往来几乎不受限制，经济一体化程度很高。在这种情况下，我国经济规模、贸易发展水平以及币值稳定优势使得人民币区域化在边境地区得以实现。但没有两国谈判达成区域经济一体化的制度性安排，边境的这种一体化措施不可能扩展到两国全境，人民币区域化也只能局限在边境地区。

三、我国区域经济一体化取得积极进展

在前面已经介绍过，经过多年的发展，我国和周边地区特别是东亚地区各经济体已经形成了紧密的经贸合作关系，彼此是互为重要的贸易和投资伙伴。1997 年亚洲金融危机爆发后，东亚各国迫切认识到加强区域合作、抵御外部风险的重要性，整个东亚地区的经济一体化呈现出加速态势。

（一）我国建立区域自由贸易安排的努力和进展

我国作为东亚地区最大和增长最快的经济体之一，也一直在积极探索利用区域经济一体化来推动我国以及周边国家和地区的经济发展。特别是在 2001 年我国成功加入世贸组织之后，以建立自由贸易区为主的区域经济一体化已成为我国对外开放的新形式。2006 年，中国商务部开始提出将自由贸易区提高到国家战略的构想。2007 年，党的十七大报告第一次提出要"实施自由贸易区战略"，将建立自由贸易区提升到国家战略的层面。

1. 中国建设自贸区的进展情况

通过近几年的努力，中国在建立自由贸易区方面取得了积极进展。目前，中国内地已经和中国香港、中国澳门分别签署了《更紧密经贸关系安排》协定（CEPA），与中国台湾签署了《两岸经济合作框架协议》（ECFA），先后与东盟、巴基斯坦、智利、新西兰、新加坡、秘鲁、哥斯达黎加签署了自由贸易协定。正在与海湾合作委员会、澳大利亚、冰岛、挪威、南部非洲关税同盟就建立自贸区进行谈判。另外，已经完成了与印度的区域贸易安排联合研究以及与韩国的自贸区官产学联合可行性研究，其中与韩国的谈判有望于 2011 年启动。建立中日韩三国自贸区的官产学联合研究也在进行中，预计将于 2012 年结束研究，并同时启动正式谈判。

表 3.4 中国建立自由贸易区进展情况

状　态	伙　伴	说　明
协议已签署	中国香港	2003 年签署，之后又签署 7 个补充协议，已实施
	中国澳门	2005 年签署，之后又签署 7 个补充协议，已实施
	中国台湾	2010 年签署，即将生效实施
	东　盟	2010 年全面建成，我国最大的自贸区伙伴
	巴基斯坦	已生效实施
	智　利	已生效实施．第一个亚洲以外的自贸区伙伴
	新西兰	已生效实施，第一个发达国家自贸区伙伴
	新加坡	已生效实施，在中国－东盟自贸区基础上进一步开放
	秘　鲁	2010 年开始实施
	哥斯达黎加	2010 年签署，预计 2011 年开始实施
协议已签署	海湾合作委员会	2005 年启动，已进行 5 轮谈判
	澳大利亚	2005 年启动，已进行 14 轮谈判
	冰　岛	2008 年启动，已进行 4 轮谈判
	挪　威	2008 年启动，已进行 7 轮谈判
	南部非洲关税同盟	2004 年启动，无实质性进展
官方联合研究	印　度	2008 年完成
	韩　国	2010 年完成，谈判预计 2011 年启动
	中日韩	2010 年开始，预计 2012 年完成

资料来源：商务部。

从目前的进展情况来看，我国在选择区域经济一体化的伙伴时，周边国家和地区仍是首选，基本上东亚地区所有主要经济体都涵盖在内。周边地区和国家往往与中国已经有很紧密的经贸关系，通过经济一体化形式进一步加强双边经贸关系，双方都有良好的愿望和物质基础。此外，中国的区域经济一体化政策有长远和全球性的考虑，因此不会将建立自贸区只局限于周边地区，而是在世界各主要地区如中东、非洲、拉美、北欧等选择一些伙伴，为发展与该地区的经贸往来并最终建立更广泛的自由贸易关系打下基础。

自由贸易区的建立极大地推动了我国与相关国家和地区的经贸关系。在2010年1月1日中国—东盟自由贸易区全面建成之后，双边贸易额大幅增长，增速不仅超过同期中国对外贸易增长速度，也明显超过双边贸易过去的平均增幅，使得东盟有望在近期超过日本成为中国第三大贸易伙伴。中国内地与香港的CEPA在开放大陆居民赴港个人游以及在服务业和个体工商户等领域向香港居民做出深层次开放之后，不仅有效地刺激了香港的经济增长，而且大大增强了两地的人员和资金往来。

2. 代表性自贸区情况简介

（1）《中国内地与香港、澳门更紧密经贸关系安排》（CEPA）（以下简称《安排》）。

内地与香港、澳门签署的这两个《安排》都于2004年1月1日开始实施。《安排》的内容包括货物贸易自由化、服务贸易自由化和贸易投资便利化。2004～2007年的4年间，内地与香港、澳门又签署了四个补充协议。

安排有这样几个特点。一是两个《安排》分别是中国国家主体与其单独关税区香港和澳门之间建立自由贸易关系的经贸安排，并且符合世贸组织有关自由贸易协定的规定。二是贸易自由化是单向的，即是内地向香港、澳门单方面开放市场。这既是因为港、澳两地本来就是自由港，也反映出内地与两地同属一个国家的特殊关系。三是由于港、澳制造业已经很少，因此贸易自由化内容以服务贸易为主，这一点与多数自贸区不同。

（2）中国东盟自贸区（CAFTA）。2002年11月，中国和东盟签署了《全面经济合作框架协议》，于2004年1月启动了货物降税的"早期收获计划"。2004年11月，双方签署了货物贸易协议。中国

—东盟自贸区降税计划于 2005 年 7 月全面启动。

《货物贸易协议》规定，除已有降税安排的早期收获产品外，其余的全部产品分为正常产品和敏感产品两大类。中国—东盟自贸区的货物贸易谈判采取的是"负面列表"（negative list）方式，凡是没有列入敏感产品清单的产品均视为正常产品。2007 年 1 月，中国—东盟自由贸易区《服务贸易协议》正式签署，7 月开始实施。2010 年 1 月 1 日，中国东盟自贸区全面建成。

CAFTA 有这样几个特点。首先，这是中国第一个和整个自贸区签署的自由贸易协定。东盟本身是一个包含 10 个国家的自由贸易区。因此，CAFTA 是一个涵盖 11 个国家、18 亿人口的大市场，也是发展中国家之间建立的最大的一个 FTA。其次，CAFTA 早期收获计划比 CEPA 还要早，说明中国一开始就把和东盟建立自由贸易关系放在优先位置上。最后，CAFTA 的原产地规则和东盟自贸区保持一致，都是以 40% 的区域内增值率为主，并成为中国以后自贸区原产地规则的范本。

（3）中国—智利自贸区（CCFTA）。2005 年 11 月 18 日，中国与智利签署自由贸易协定。实际降税的幅度大大超过 WTO 所规定的标准。按照协定要求，中方 63% 的税目在协定开始实施两年内降至零，智方 74% 的产品税目在协定生效后施行零关税。在 20 年过渡期后，中国 97% 的产品和智利超出 98% 的产品都要达到完全免税的要求。

作为拉美国家，智利在与中国的关系史上有几个第一：首先，智利是拉美第一个与中国建交的国家；第二，智利是拉美第一个支持恢复中国在联合国合法席位的国家；第三，智利是拉美第一个率先与中国结束加入 WTO 双边谈判的国家；第四，智利还是拉美第一个承认中国完全市场经济地位的国家；第五，这次智利又成为拉美第一个同中国开始自贸区谈判并正式签署自贸区协定的国家。这不仅表明了智利同中国一贯友好的关系，也展示了智利在发展国际贸易方面非常开放的心态。

中国之所以选择智利作为双边自由贸易协定对象国，关键在于两国在经济上的互补性。智利对华主要出口资源密集型产品。中国选择智利作为双边自由贸易协定对象国，还因为智利的特殊地位与经验使然。智利和墨西哥、以色列这三个国家是目前全球有最多的贸易协议在运行的国家。因此，中国选择与智利进行自由贸易谈判和签署自由贸易区协定，有利于中国进入拉美乃至更广泛的市场。

2008 年 4 月 13 日，中智两国又签署了自由贸易协定关于服务贸易的补充协定。该协定是中国与拉美国家签署的第一个自贸区服务贸易协定。两国同意将适时启动自贸区投资谈判。

（4）中国—新西兰自贸区（CNFTA）。2008 年 4 月 7 日，中国和新西兰签署了双边自由贸易协定。对于中国而言，该协定有两个突破。首先，这是中国与其他国家签署的第一个全面的自由贸易协定，覆盖了货物贸易、投资、服务贸易各个领域；其次，这也是中国与发达国家达成的第一个自由贸易协定。

按照该协定，新方承诺将在 2016 年 1 月 1 日前取消全部自华进口产品关税，其中 63.6% 的产品从协定生效时起即实现零关税；中方承诺将在 2019 年 1 月 1 日前取消 97.2% 自新进口产品关税，其中 24.3% 的产品从协定生效时起即实现零关税。双方还就服务贸易做出了高于 WTO 的承诺，并对包括技术工人在内的人员流动做出了具体规定。在原产地规则方面，中国—新西兰自贸区采用的是特定产品规则，判定标准以税目改变为主，与中国过去签署的几个 FTA 以增值率为主的规则有所不同。

从双方的贸易结构来看，新西兰主要向中国出口初级产品，而中国则向新西兰出口制成品，经济具有极强的互补性，这也是双方政府皆对谈判表现积极的重要原因之一。对新西兰来说，中国是其第三大贸易伙伴国、第四大出口市场和第二大进口来源地。因此中新 FTA 将成为新西兰继与澳大利亚签署 FTA 协定之后，最大规模的区域经济合作项目。

（二）东亚地区经济一体化的进展情况

整个东亚地区的区域经济一体化也取得了积极进展，目前的形式以自由贸易区为主。东盟自贸区成立较早，区域内经济一体化程度较高，还分别与中国、韩国和日本签订了自由贸易协定，在整个东亚地区形成了"10 + 3"（东盟 10 国和中日韩 3 国）的格局。处于泛东亚地区的澳大利亚、新西兰和印度等国也积极参与东亚地区的经济一体化进程，纷纷与东盟和中日韩三国开展建立自由贸易区的谈判并已取得一定进展。

但是，东亚地区经济一体化进程的继续深入也面临一定的问题和障碍。

第一，区域内最大的三个经济体中日韩三国之间迟迟不能建立自由贸易关系，可以说是拖了整个东亚地区经济一体化的后腿。进展缓慢既有政治原因（如三国间的历史问题），也有经济原因（如日韩农产品开放问题）。

第二，在整个东亚地区的经济一体化进程中存在路线图之争。中国认为应该以"10 + 3"框架为基础推进东亚地区一体化，而日本认为应该以"10 + 6"（即 10 + 3 再加澳、新、印三国）为基础。而东盟觉得不管哪一个方案都绕不过自己，因此采取左右逢源的策略。路线之争造成整个东亚地区一体化进程处于僵持状态。

第三，一些外部干扰因素也在阻挠东亚地区一体化向纵深发展。美国一直不希望被东亚一体化排除在外，在难以加入"10＋3"等现有框架的情况下，或是向部分区域内国家和地区如日本、韩国、东盟施加压力，或是另起炉灶提出新的建议。在推动建立亚太经合组织（APEC）自贸区未果的情况下，美国转而力推跨太平洋经济伙伴协定（TPP），使东亚一体化进程的变数不断增加。

TPP 原本是由新西兰、新加坡、智利、文莱四国在 2006 年达成的自由贸易协定，随后，美国、秘鲁、澳大利亚、越南和马来西亚五国相继加入。在美国的大力推动下，上述有关国家已进行多轮谈判，目的是达成"一个 21 世纪具有广泛代表性和高标准的贸易协定"。以往大多数自贸区协议主要限于降低商品关税，促进服务贸易，很少涉及劳工和环境保护。而 TPP 不仅将规定取消或降低商品的关税，还将涵盖安全标准、技术贸易壁垒、动植物卫生检疫、竞争政策、知识产权、政府采购、争端解决，以及有关劳工和环境保护的规定，标准之高和覆盖领域之广远远超过一般自贸区协议。

目前，TPP 已成为亚太地区建立自由贸易安排的焦点机制之一，而美国从东亚地区一体化进程的局外者一跃而成为其主导者。而且，TPP 的一个重要特点就是扩大新成员必须得到现有成员的一致同意，换句话说，每个成员均有一票否决权。后加入的成员，不但没有制订规则的机会，而且必须和现有成员一个一个谈判，就像当年中国加入世贸组织一样，处于非常不利的谈判地位。对于中国来说，如果要加入 TPP，必须付出相当的代价，但如果不加入，又面临被边缘化的危险。这再次说明，我们必须牢牢抓住东亚地区经济一体化的主动权，以更加积极主动的态度加入到区域经济一体化的进程当中去。

尽管面临一定障碍，但东亚地区的经济一体化进程仍会继续向纵深发展。2008 年的国际金融危机爆发之后，东亚各国加强区域经济合作的意愿进一步增强。东盟内部一体化正在加快进行，目前正在考虑建设关税同盟和共同市场。经过多年的努力，中日韩自贸区官产学联合研究也于 2010 年正式启动。而在海峡两岸 ECFA 签署之后，与我国台湾地区产业结构相近的韩国受到很大震动，也同意与 2011 年正式启动中韩自贸区的谈判。而美国力推 TPP 实际上也增加了未加入该协定的亚洲国家的危机感。例如，中日韩自贸区官产学联合研究正在加速进行，正式谈判将于 2012 年启动。作为东亚地区最大的三个经济体，中日韩三边自贸区的建设将对整个地区乃至全世界产生深远的影响。此外，为了应对和防范危机，东亚各国还加强了在金融领域的合作，如扩大亚洲货币储备库、进行货币互换等。这些都为人民币区域化奠定了更加坚实的基础。

四、在区域经济一体化的背景下推动人民币区域化

（一）区域经济一体化背景下人民币区域化面临的选择

在我国和东亚地区区域经济一体化不断加深的大背景下，是否以及如何实现人民币区域化面临三个选择。

第一个选择是继续使用美元。目前美元仍是全世界最主要的储备货币，美国仍是包括中国在内的东亚国家的主要出口市场，各国外汇储备也多是以美元资产为主，继续使用美元在交易成本和效率

方面仍然有一定优势。但此次国际金融危机充分暴露出当前美元主导的国际货币体系的弊病。布雷顿森林体系崩溃之后，美元在继续保持主要国际储备货币地位的同时，不再需要承担稳定全球货币体系的责任。美元的周期性调整引发了全球经济、金融市场波动，是当前国际经济失衡的根本原因。当前要求改革国际货币体系的呼声很高，许多国家都在寻求推进国际货币体系多元化建设。而美国经济在受到金融危机的重创之后，又面临着债务危机的风险，美元的国际地位不断下降应该是一个长期趋势。我国拥有全球最大规模的外汇储备，如果坐视美元长期贬值，不仅将面临巨额的账面损失，而且货币政策的独立性和宏观经济稳定性也将受到影响，作为一个快速增长的经济大国，继续使用美元只能是一个权宜之计。

第二个选择是通过加强与东亚国家的货币合作，仿效欧元模式，创造一个新的区域货币如"亚元"。随着东亚区域一体化进程加深，这一观点不断被提出。建立区域货币，既可以摆脱对美元等区域外货币的依赖，又可以推动区域内经济一体化的发展，目前已有多个区域经济一体化组织在朝这个方向努力。但是，这一选择对于东亚地区而言未必可行。

在前面已经分析过，建立一个全新的区域货币对经济一体化程度要求较高，一般要在关税同盟的阶段才有可能启动，到了共同市场和经济同盟的阶段才有可能实现。这是因为，只有在劳动力可以在区域内自由流动之后，相关的财政政策和社会发展政策才有可能逐步统一，法律体系和政治上的统一才能逐步启动。只有在这种一体化程度时，各国才有可能让度货币发行这一最基本的国家主权之一。欧盟的政治一体化程度不需要多做介绍，而计划建立区域货币的东非共同体已经有统一的最高法院和议会。反观东亚地区的区域经济一体化目前仍以自由贸易区这一基本形式为主，且几个主要国家之间尚未建立自由贸易关系。何况，近一段时期主权债务危机的爆发也使人们反思类似欧元这样的货币同盟是否是一个成功的模式。在东亚地区内各国经济发展水平差异很大且一体化程度相对较低的情况下，建立"亚元"的条件并不具备。

即时建立"亚元"是可行的，这样做也未必符合中国利益。中国已经是亚洲最大的经济体，按照当前的增长速度，到2030年中国的经济总量可能是现在的几倍，将超过东亚地区其他国家的总和。再考虑到届时中国在国际贸易和投资中可能占据的重要地位，人民币完全有条件成为国际储备货币之一。在这种前景下，要中国放弃自身的货币去参与组建亚洲区域货币，所得有限而所失巨大。反之，如果成功实现人民币区域化和国际化所失有限而所得巨大。

第三个选择是努力寻求人民币区域化和国际化，也是我国的首要选择。随着中国经济发展和与周边国家经贸合作的加深使人民币成为区域货币，不仅最符合中国的国家利益，也符合经济发展的客观要求，在可行性方面也有保证。

（二）通过区域经济一体化推动人民币区域化

人民币区域化应该是经济发展到一定阶段的产物和市场自然选择的结果，但在当前美元主导的国际货币体系下，人民币要想实现区域化和国际化，道路必然十分曲折漫长。我们既不应该被动地承受国际经济和金融市场波动带来的风险，也不应该坐等国际货币体系调整可能带来的机遇。通过包括货币和金融合作在内的区域经济一体化等方面的制度性安排，可以夯实人民币区域化的经济基础，建立人民币区域化的市场预期，固化人民币区域化的潜在优势，加速人民币区域化进程。而且，东亚国家都有加强区域合作、共同抵御外部风险的意愿，我们可以充分利用区域经济一体化的现有框架和形式，推动人民币区域化。

（1）在区域经济一体化的框架下，中国可以进一步降低贸易壁垒，扩大区域内进口，向区域内提供人民币。尽管中国对外贸易总体上是顺差，但对东亚地区一直是贸易逆差。例如，2009年中国货物贸易顺差总额为1961亿美元，但对东亚的日本、韩国、东盟及中国台湾合计的贸易逆差高达1475亿美元。这意味着中国对东亚地区是一个净货币提供者，但这个货币并不是人民币。

这是因为，这种贸易平衡状况是现有的东亚产业分工格局造成的。中国从东亚各国和地区进口原材料和零部件，然后组装加工后出口到欧美。中国向美国出口得到美元，再用来从东亚地区进口，由于最终产品市场仍然在区域外，区域内并不会产生人民币的供给。通过货币互换可以在一定程度上实现人民币跨境结算和储备功能，但互换是一个等价交易，我们同时会得到区域内其他国家的货币，并没有成为人民币的净提供者。

中国要想成为人民币净提供者，必须成为区域内产品的最终市场。在短期内，通过建立自由贸易区等方式降低贸易壁垒可以扩大区域内进口。例如，我国零部件等中间产品的进口关税很低，但消费品等最终产品的关税率却很高，在很大程度上抑制了最终产品的进口。例如，我国的服装产品竞争力很高，但平均进口关税高达16.2%，甚至高于我国竞争力较弱的运输设备产品。这种现象在东亚地区普遍存在，也造成了本地区对区域外市场的过分依赖。

从长远来看，中国经济总量大且增长快，随着发展方式和经济结构的转变，内需将不断扩大，具有成为区域内最终市场的潜能。

通过降低贸易壁垒和市场开放，再加上货币互换等手段，可以在很大程度上解决人民币的供给问题。

（2）在区域经济一体化框架下通过服务贸易自由化，同样可以促进人民币区域化。与货物贸易不同，服务贸易的提供者和消费者必须同时出现才能完成交易的过程，因此服务贸易的开放可以促进人员和资金往来。其中，金融服务业的开放和自由化将为人民币区域化提供技术支持和制度保障。比如说，我国通过开放国内金融市场，可以向区域内其他国家投资者提供人民币计价的金融产品，建立人民币回流通道。有了投资和保值增值的渠道，其他国家才有储备人民币的积极性。

但是，这种开放不是单向的。在自由贸易区的框架下，我们同样可以要求其他国家向我们开放金融市场和金融服务。我们在云南调研时发现，人民币在缅甸边境地区流通量很大，但在缅甸内陆地区则几乎没有流通量。其中一个重要原因就是对方银行业不发达，人民币业务也不会做，但由于金融市场不开放，中资银行有业务却进不去。如果对方向我国开放银行市场，中资银行就可以走出去，开展人民币存储、汇兑和理财业务，推动人民币区域化的不断深化。

（3）通过在区域经济一体化的框架下实现跨境投资自由化以及自然人移动的自由化，促进人民币跨境流通。投资自由化是区域经济一体化必不可少的部分。跨境投资的发展既可以促进东亚地区经济的一体化进程，也可以成为人民币在区域内流动的正常通道。而自然人移动的自由化往往都发生在经济一体化较高的阶段。到目前为止，人民币输出的最主要的通道之一就是人员进出境所携带的现钞。通过消除区域内自然人移动的障碍，可以大大提升人民币在境外的流通程度，创造出更多的人民币境外流通的供给和需求。

未来，推动人民币区域化在地域选择上可以考虑"南下西进"战略。近一段时期，东亚地区的政治和安全态势出现了一些变化，尽管我们努力使政治和经济关系分开，但政治关系的紧张不可避免地会影响到经济上合作的气氛，该地区的经济一体化发展可能会再度受阻。在这种情况下，我们要重点发展与东南亚国家的经贸关系，深化已有的区域经济一体化安排，通过开放市场强化彼此的经济联系，为人民币区域化在该地区的进一步发展创造良好条件。

即使没有自由贸易协定这样的制度性安排，也不代表人民币区域化不能推行。在周边国家地区当中，包括俄罗斯、蒙古和中亚国家在内的上海合作组织国家与我国经贸关系紧密，政治关系良好，合作基础具备。但由于俄罗斯等独联体国家希望在内部实现经济一体化之后再考虑与我国建立自由贸易安排，总体上我国与这些国家在区域经济一体化制度性建设方面尚需时日，但这并不妨碍我国通过专门的政策和制度推动人民币区域化。2010 年 11 月，我国与俄罗斯共同宣布两国将采用本国货币实现双边贸易结算，这是人民币区域化的一个重大进展。未来，随着实体经济的融合程度不断加深，在上合组织国家推动人民币区域化有巨大的发展潜力，理应成为我国推动人民币区域化的一个重点方向。

执笔人：方 晋

第四章

资本项目开放与
人民币区域化

虽然在资本项目尚未开放的情况下，人民币区域化已经发端于边境小额贸易结算和边民互市，但从其他国际货币的发展经验来看，没有资本项目开放，人民币区域化和国际化走不远。资本项目开放是人民币区域化深化，直至成为国际货币的前提条件。国际经验表明：一国货币的国际化总是伴随着资本项目开放和货币的自由兑换。

一、资本项目开放是人民币区域化
深入发展的前提条件

（一）资本项目开放的含义

国际货币基金组织（IMF）将资本项目开放定义为：消除对国际收支资本和金融账户下各项交易的外汇管制，如数量限制、课税及补贴。不难看出，资本项目开放本质上就是放松资本项目下资本流出、流入的汇兑限制。IMF 将资本项目管制概括为以下几个方面的内容：对资本市场证券交易的管制；对货币市场工具的管制；对集体投资类证券的管制；对衍生工具和其他交易工具的管制；对商业信贷的管制；对金融信贷的管制；对担保、保证和备用融资工具的管制；对直接投资的管制；对直接投资清盘的管制；对不动产交易的管制；对个人资本流动的管制；适用于商业银行和其他信贷机构的特殊条款；适用于机构投资者的特殊条款；证券法规规定的其他限制性措施，等等。资本项目开放就是要消除上述各种管制。

资本项目开放是一个逐步推进的过程。资本项目开放收益与风险并存。一国在通过资本项目开放实现资金高效配置的同时，也意味着国内经济的外部风险敞口在扩大。对于任何经济体而言，资本项目突然地完全开放会导致外来风险对国内经济的威胁大大增加。为了有效化解开放过程中的风险，绝大多数国家在开放资本项目时都实行了渐进式开放的战略。在渐进式开放过程中，开放的顺序也非常重要。一般的，应先开放长期资本项目，后开放短期资本项目，过早地开放短期资本项目比较晚开放的风险性明显增加。

资本项目开放不是绝对的，而是相对的，是相对于以往的资本项目管制而言，世界上任何国家在资本项目开放的实践中都无法做到绝对的开放。那些已经被认为实现了资本项目可兑换的国家，或多或少地都保留了一些限制性的资本项目管制措施，如美国对外国共同基金在境内出售和发行股票等进行限制，对非居民购买证券的行业进行限制，对居民对外直接投资的国别进行限制；德国对机构投资者设置了特殊条款；英国对商业银行和其他信贷机构设置了特殊条款。

根据 IMF 制定的规则，一国出于审慎需要而采取的监管措施可以不被视为是限制资本流动的管制。这就为各国在资本项目开放过程中预留了重新实施资本项目管制的空间。从现实出发，资本项目开放是指资本项目的基本开放，即大部分或绝大部分子项已充分开放而少部分或个别子项依然有所管制的状态。

（二）资本项目开放与货币国际化的关系：以日本为例

出于对我国人民币国际化借鉴的角度，日本是探讨资本项目开放与货币国际化关系最合适的例子。日元国际化的背景与人民币相似，同样都是在经济迅速崛起过程中的一种自然现象。日元国际化始于20世纪70年代，随着日本经济在世界经济中的地位日益提高，世界各国对日元的需求增加，推动了日元在国际贸易和投资中的运用。期间，日元国际化的推进始终伴随着外汇管制的放松。

1964年日本成为国际货币基金组织第八条款国，为日元在国际贸易和外汇交易中的使用创造了条件。但由于日本政府坚持固定汇率和资本账户管制相结合的政策，直到1980年日本修改《外汇法》之前，日元的国际化并不成功。

1980年《外汇法》的修改是日元国际化的分水岭。根据修改后的《外汇法》，日元经常项目基本上实现了可兑换，对日元资本项目也由原则上限制兑换，过渡为原则上放开管制。《外汇法》的修改标志着日本政府对日元国际化的态度由消极转向积极。虽然1985年的《广场协议》促使日元在国际化过程中急剧升值，而后来应对日元升值策略不当导致了日本经济长达10余年的衰退，但这些并不能说明《外汇法》修改后的日元国际化不成功。

资本项目开放后，日元在贸易结算计价和国际储备中的比重并不高。日元作为贸易计价货币主要用于日本的对外贸易中。据测算，日元计价结算的贸易量在世界中的比重不足 5%。此外，1995 年以来，日元在官方外汇储备中的比重一直低于 7%，且呈不断下降的趋势（参见表 4.1）。这种结果更多地源于日本的贸易结构、日元的投资渠道以及日元的汇率波动。日本经济严重依赖海外资源和市场。国际资源市场主要以美元计价，如果日本在出口时以日元结算，就会出现外汇收支币种不匹配的现象。相对于美元、欧元，受国内市场限制，日元的投资渠道非常狭窄，大大降低了人们持有日元的意愿。而日元汇率极其不稳定，导致了日元难以成为各国的主要储备货币。

表 4.1　　　　　1995～2009 年官方外汇储备主要货币构成情况　　　　单位:%

货　币 年　份	美　元	欧　元	英　镑	日　元
1995	59.0	—	2.1	6.8
1996	62.1	—	2.7	6.7
1997	65.2	—	2.6	5.8
1998	69.3	—	2.7	6.2
1999	70.9	17.9	2.9	6.4
2000	70.5	18.8	2.8	6.3
2001	70.7	19.8	2.7	5.2
2002	66.5	24.2	2.9	4.5
2003	65.8	25.3	2.6	4.1
2004	65.9	24.9	3.3	3.9
2005	66.4	24.3	3.6	3.7
2006	65.7	25.2	4.2	3.2
2007	64.1	26.3	4.7	2.9
2008	64.1	26.4	4.0	3.1
2009	62.2	27.3	4.3	3.0

资料来源：IMF。

日元国际化的过程深刻揭示了资本项目开放与货币国际化的两个重要方面：一方面，一国货币如果想要在更大的地域范围内发挥货币职能作用，必须大力推进资本项目开放；另一方面，资本项目开放并不必然导致该国货币成为主要国际货币，因为一国货币是否能够成为主要国际货币，还受到国家经济实力、国内经济规模、货币投资渠道、货币稳定性等多种因素的制约。

（三）资本项目开放需要具备的主要条件

相对于经常项目开放，资本项目开放的风险大，对国内经济和管理条件的要求高。

在过去20多年，每当新兴经济体发生金融危机，都会导致关于发展中国家资本项目开放究竟会带来好处还是风险的大讨论。理论上，资本项目开放可以促使资金在国际间的配置更加合理，使得推进资本项目自由化的国家从中受益，但是现实中，发展中经济体资本项目开放的结果却是危机频发。

对比资本项目开放后运行良好与发生危机的经济体，可以看出资本项目开放需要具备有效监管、浮动汇率、稳健的金融机构、发达的金融市场及平稳运行的国内宏观经济环境等条件。只有在这些条件具备的情况下，一国才能将资本项目开放的风险尽可能地降低，同时享受开放带来的好处。

（1）有效监管是资本项目开放的首要条件。资本项目开放是一国融入全球经济、金融体系的重要内容，但也意味着该国的外部金融风险敞口大幅提高，更易遭到外部金融风险的传染，以及国际游资的冲击。因此，在资本项目开放时，一国监管当局必须做到有效监管。有效监管包括健全完备的监管制度，先进的监管理念，以及信息化的监管手段。另外，有效监管还应包括在开放的实践中不断自我完善的能力。开放本身是个动态的过程。在开放过程中，会不断有新的风险产生，需要监管能够迅速反应，在最短的时间内得以完善，降低风险冲击的可能性。

（2）浮动汇率是资本项目开放的现实需要。资本项目开放意味着资金在境内外的自由流动。根据"不可能三角"理论，对于一个经济体而言，资本的自由流动、独立的货币政策与稳定的汇率制度三者之间，只有两个可以同时存在。因此如果资本项目开放，该经济体必须放弃货币政策的独立性，或者稳定的汇率制度。克鲁格曼曾经利用该理论成功地预测了1997年的东亚金融危机。虽然对于一个推行资本项目开放的国家而言，似乎面临着货币政策和汇率制度的两种选择，但从东亚各国应对危机的实践来看，放弃汇率制度是现实的选择。坚持固定汇率制度将引起游资对国内经济的持续冲击，代价高昂。

（3）稳健的金融机构和发达的金融市场是抵御资本项目开放风险的有力保障。国内金融机构是否稳健运行，金融市场是否能够提供充足的避险手段，直接关系到一国自身的金融体系是否安全。一般的，一国自身的金融体系越安全，在受到外部冲击时，抵御风险的能力越强。如果一国自身的金融体系安全出了问题，小小的外部冲击将会造成严重后果。

（4）平稳运行的国内宏观经济环境是资本项目开放的坚实基础。资本项目开放为国内经济的发展服务，同时又受制于国内宏观经济环境。国内宏观经济运行越平稳，资本项目开放后受到外部冲击的可能性越小。1997年亚洲金融危机的教训之一就是在经济高速增长过程中积累了大量的资产泡沫，成为国际游资套利的对象。

二、我国资本项目开放的现状

改革开放以前，由于外汇资源短缺，我国一直实行比较严格的外汇管制。之后，随着社会主义市场经济目标的确立，外汇管理体制改革不断向前推进。在外汇管理体制改革过程中，我国资本项目正逐步走向开放。

（一）我国外汇管理体制改革的发展历程

外汇体制管理改革是我国改革开放的重要组成部分，先后经历了三个重要阶段。

第一阶段：经济转型时期的外汇管理体制改革（1979～1993年）。这一阶段的改革奠定了我国外汇管理体制从计划机制向市场机制转变的基础，主要包括六个方面的内容：一是改革统收统支的外汇分配制度，实行外汇留成制度。外汇留成的对象、比例及用途由国家规定。二是建立和发展外汇调剂市场，调剂外汇余缺。1980 年 10 月起中国银行开办外汇调剂业务。三是改革人民币汇率制度，形成双重汇率。1981～1985 年，实行贸易内部结算价和官方汇率的双重汇率制度。1988～1994 年，形成了官方汇率和调剂市场汇率并存的汇率制度。官方汇率实行有管理的浮动，而外汇调剂市场汇率则随市场供求状况浮动。四是放宽外汇经营权，外汇业务不再由中国银行统一经营，允许多种金融机构经营外汇业务。五是逐步建立对资本（包括直接投资、证券投资以及其他形式投资在内）输出入的外汇管理制度。六是放宽对境内居民的外汇管理。从 1985 年起，对境外汇给国内居民的汇款或从境外携入的外汇，准许全部保留，在银行开立存款账户。1991 年 11 月起允许个人所有的外汇参与外汇调剂。个人用汇，按规定经批准后可购买一定数额的外汇。

第二阶段，1994 年至 2001 年的外汇管理体制改革。1992 年我国社会主义市场经济目标确立后，外汇管理体制改革向市场机制方向快速推进，先后于 1994 年和 1996 年采取了两次大的举措，并于 1996 年底，正式实现了人民币经常项目完全可兑换。

这一时期的汇改措施主要包括以下几个方面的内容：一是从 1994 年 1 月 1 日起，对内资企业实行银行结售汇制度，取消外汇上缴和留成，取消用汇的指令性计划和审批。从 1996 年 7 月 1 日起，外商投资企业外汇买卖逐步纳入银行结售汇体系。二是 1994 年 1 月 1 日，人民币官方汇率与市场汇率并轨，实行以市场供求为基础的、单一的、有管理的浮动汇率制。三是建立统一的、规范化的、有效率的外汇市场。中资企业退出外汇调剂中心，外汇指定银行成为外汇交易的主体。银行间外汇市场——中国外汇交易中心在上海成立。中国人民银行根据宏观经济政策目标，对外汇市场进行必要的干预，以调节市场供求，保持人民币汇率的稳定。四是 1996 年取消经常项目下尚存的其他汇兑限制，实现人民币经常项目可兑换。五是不断提高居民用汇标准，扩大供汇范围。六是取消了出入境展览、招商等非贸易非经营性用汇的限制，并允许驻华机构及来华人员在境内购买的自用物品、设备、用具等出售后所得人民币款项可以兑换外汇汇出。

第三阶段，2001 年以来的外汇管理体制改革。1997 年亚洲金融危机爆发后，我国曾一度放缓了外汇管理体制改革的步伐，但随着

2001 年底加入 WTO，外汇体制改革重新进入了新的快速发展期。这一阶段的外汇体制改革既是前期市场化改革的延续和深化，又是为适应新的开放形势而进行的改革。加入 WTO 后，我国对外经济迅速发展，国际收支顺差持续扩大，须要更加开放、灵活的外汇管理制度。

此阶段外汇体制改革的主要措施包括六个方面：一是大幅减少行政性审批，提高行政许可效率。2001 年以来，外汇管理部门分三批共取消34 项行政许可项目，取消的项目占原有行政审批项目的46.5％。二是进一步完善经常项目外汇管理，促进贸易投资便利化。如允许所有中资企业开立经常项目外汇账户，多次提高企业可保留现汇的比例并延长超限额结汇时间。简化进出口核销手续，尝试出口核销分类管理。三是稳步推进资本项目可兑换，拓宽资金流出入渠道。放宽境外投资外汇管理限制，允许部分保险外汇资金投资境外证券市场，允许个人对外资产转移，实行合格境外机构投资者制度，出台外资并购的外汇管理政策。四是积极培育和发展外汇市场，完善有管理的浮动汇率制。2005 年 7 月 21 日开始实行以市场供求为基础、参考"一篮子"货币进行调节、有管理的浮动汇率制度。同时，采取了一系列的配套措施，包括增加交易主体，引进美元"做市商"制度，允许所有银行从事远期结售汇业务，引进人民币对外币掉期业务，增加银行间市场交易品种，实行银行结售汇综合头寸管理，调整银行汇价管理办法等。五是加强资金流入管理，积极防范金融风险。调整短期外债口径，对外资银行外债实行总量控制，实行支付结汇制，严控资本项目资金结汇，加强对外商投资企业的外债管理，加强对出口预收货款和进口延期付款的管理，加强对居民和非居民个人结汇管理。六是强化国际收支统计监测，加大外汇市场整顿和反洗钱力度。2003 年起正式实施大额和可疑外汇资金交易报告制度，加强反洗钱信息分析工作。

（二）我国资本项目管理的现状

我国按照"循序渐进、统筹规划、先易后难、留有余地"的改革原则，逐步推进资本项目开放，且资本项目开放的总体水平迅速提高。根据国家外汇管理局公布的资料，截至 2004 年底，按照 IMF 确定的 43 项资本项目交易中，我国有 11 项实现可兑换，11 项较少限制，15 项较多限制，严格管制的有 6 项。

但从结构来看，我国资本项目开放存在着"松直接紧间接"、"松流入紧流出"、"松投资紧债务"的特点。我国对外商直接投资外汇管理一直比较宽松，较少管制；对境内企业对外直接投资的外汇管理不断放宽；对证券投资的外汇管理则是有松有紧，对证券资金流入环节逐步放松管理，而对资金流出管理严格；对外债、对外担保实行计划管理（具体管理措施参见表 4.2）。

表 4.2　　　　　　　　我国资本项目外汇管理措施

资本项目	外汇管理措施
外商直接投资	外商投资企业的资本金、投资资金等需开立专项账户保留；外汇资本金结汇可直接到外汇指定银行办理，其他资本项下外汇收入经准后可以结汇；资本项下外汇支出经批准后可从其外汇账户中汇出或者购汇汇出；对外商投资企业实行外汇登记和年检制度
境外直接投资	境内机构进行境外投资需购汇及汇出外汇的，须报所辖地外汇分局/管理部进行外汇资金来源审查（全部以实物投资、援外和经批准的战略性投资除外）；获得批准后，境内投资者须办理外汇登记和外汇资金购汇汇出核准手续；对境外投资实行联合年检制度
证券资金流入	境外投资者可直接进入境内 B 股市场，无需审批；境外资本可以通过 QFII 间接投资境内 A 股市场，对 QFII 实行额度管理；境内企业经批准可以通过境外上市（H 股），或者发行债券，到境外募集资金调回使用

资本项目	外汇管理措施
证券资金流出	除外汇指定银行可以买卖境外非股票类证券、经批准的保险公司的外汇资金可以自身资金开展境外运用外，其他境内机构和个人不允许投资境外资本市场。目前，已批准个别保险公司投资境外证券市场；批准中国国际金融有限公司开办外汇资产管理业务；国际开发机构在中国境内发行人民币债券试点；推进 QDII
外债管理	对外债实行计划管理，金融机构和中资企业借用 1 年期以上的中长期外债需纳入国家利用外资计划。1 年期以内（含 1 年）的短期外债由国家外汇管理局管理。外商投资企业的短期外债余额和中长期外债累计发生额之和要严格控制在其投资总额与注册资本额的差额内。所有的境内机构借用外债后，均需及时到外汇局定期或者逐笔办理外债登记。实行逐笔登记的外债，其还本付息都需经外汇局核准（银行除外）。地方政府不得对外举债。境内机构发行商业票据由国家外汇管理局审批，并占用其短贷指标
	境内机构 180 天（含）以上、等值 20 万美元（含）以上延期付款纳入外债登记管理；境内注册的跨国公司进行资金集中运营的，其吸收的境外关联公司资金如在岸使用，纳入外债管理；境内贷款项下境外担保按履约额纳入外债管理，并且企业中长期外债累计发生额、短期外债余额以及境外机构和个人担保履约额之和，不得超过其投资总额与注册资本的差额
对外担保	对外担保属于或有债务，其管理参照外债管理，仅限于经批准有权经营对外担保业务的金融机构和具有代位清偿债务能力的非金融企业法人可以提供
	已批准中国银行进行全球授信试点；允许境内居民（包括法人和自然人）以特殊目的的公司的形式设立境外融资平台，从事各类股权融资活动；允许跨国公司在集团内部开展外汇资金运营；允许个人合法财产对外转移

资料来源：根据国家外汇管理局网上资料整理。

2009 年 7 月以来，伴随着人民币跨境贸易结算试点的推进，我国资本项目在人民币流出入管理方面加大了开放力度。一方面通过提高带出境额度、银行间授信等扩大了人民币流出的渠道；另一方面通过允许境外机构投资银行间债市，拓宽了离岸人民币资金回流的渠道，大力推动人民币国际化进程。

从资本项目外汇收支管理来看，我国对资本项目的管制依然比较严格，主要措施包括：除国务院另有规定外，资本项目外汇收入均需调回境内；境内机构（包括外商投资企业）的资本项目下外汇收入均应向注册所在地外汇局申请在外汇指定银行开立外汇专用账户进行保留，外商投资项下外汇资本金结汇可持相应材料直接到外汇局授权的外汇指定银行办理，其他资本项下外汇收入经外汇管理部门批准后才能卖给外汇指定银行；除外汇指定银行部分项目外，资本项目下的购汇和对外支付，均需经过外汇管理部门的核准，持核准件方可在银行办理售付汇。

三、加大资本项目开放力度，为人民币区域化深入发展创造条件

（一）我国已初步具备实现资本项目开放的条件

首先，金融管理制度不断完善，管理手段不断完备。经过多年的建设，我国已形成了由中国人民银行、三家监管当局和财政部相互协调、密切配合的多层次分业监管模式，有力地维护了我国金融体系稳定，促进了金融业稳健发展。其中，人民银行承担了金融稳定、金融市场、支付结算、征信管理、反洗钱等监督管理职责；中国银行业监督管理委员会、中国证券监督管理委员会和中国保险监督管理委员会依据相关法律，分别履行对银行业、证券业和保险业的行业监管职责。

在外汇管理方面，我国外汇管理法制化程度逐步提高，建立起

"科学、合理、有效"的外汇管理法规体系；通过加大外汇查处力度，整顿外汇市场秩序，积极推进外汇市场信用体系建设，初步建立起了以事后监管和间接管理为主的信用管理模式；加快国际收支统计和公开制度建设，初步建立高频债务监测系统和市场预期调查系统；加强外汇管理电子监管系统建设，提高信息化管理水平，改善非现场监管水平。

其次，人民币汇率形成机制不断改进，汇率弹性加大。自2005年7月21日起，人民币汇率不再盯住单一美元，而是按照我国对外经济发展的实际情况，选择若干种主要货币，赋予相应的权重，组成一个货币篮子。同时，根据国内外经济金融形势，以市场供求为基础，参考"一篮子"货币计算人民币多边汇率指数的变化，对人民币汇率进行管理和调节，维护人民币汇率在合理均衡水平上的基本稳定。自汇率制度改革以来，人民币对美元、欧元和日元等国际主要货币的汇率弹性加大，其中对美元升值幅度超过了20%。

第三，金融市场不断发展，金融业务多样化不断提高。改革开放以来，尤其是20世纪90年代中期以来，我国金融业在市场化改革和对外开放中不断发展。目前，已形成了银行、证券、保险等功能比较齐全、分工合作、多层次的、政策性金融和商业性金融协调发展的金融机构体系，建立了以货币市场、银行间外汇市场、证券市场、期货市场、保险市场、黄金市场等为主体的、较为完整的、多层次的金融市场体系。截至2009年末，全国共有银行业金融机构18.9万个；106家证券公司；138家保险法人公司[1]。在金融市场上，除了传统的金融工具外，ABS、MBS和CDO等银行类创新产

---

[1] 数据来源：中国人民银行货币政策分析小组：《2009中国区域金融运行报告》，2010年6月8日（www.gov.cn/gzdt/2010－06/08/contont_1623341.htm）。

品，开放式基金、私募基金等证券类创新产品，以及与风险管理相关的金融衍生品不断涌现。金融市场参与主体日益多元化，不仅包括商业银行、社会保障基金、信托公司、保险公司、证券公司和非金融机构，还引入合格的境外机构投资者（QFII）和合格的境内机构投资者（QDII）制度。

第四，国内经济相对稳定，国际经济地位迅速提高。改革开放以来，我国经济持续高速增长，1979～2009年国内生产总值年均增速达到9.9%。2009年是我国经济发展最为困难的一年，面对严峻复杂的国内外经济形势，我国实行了积极的财政政策和适度宽松的货币政策，在全球率先实现经济形势总体回升向好，在外贸负增长的情况下，实现了8.7%的增速。2010年，随着世界经济持续复苏和各项政策效应进一步显现，我国经济回升向好的势头得到进一步巩固，国内生产总值同比增幅均超过了10%。随着国内经济的持续发展，我国在国际经济中的地位不断提升，已经成为世界第二大经济体，第一大出口国和第二大进口国。这不但为资本项目开放提供了坚实的基础，而且需要人民币在国际社会发挥更大作用。

（二）下一阶段稳步推进资本项目开放的政策建议

中国外汇管理体制改革的长远目标是实现人民币完全可兑换。目前，随着资本项目开放各项条件的持续完善，资本项目开放进入了相对快速发展的时期。但是，我们必须充分认识到资本项目开放的系统性、风险性和高难度，在推进资本项目开放时切忌操之过急。金融危机之后我们更应控制好开放的节奏。资本项目开放必须继续采取渐进式道路，分阶段进行，逐步放宽对资本项目的外汇管制，直至实现资本项目的完全可兑换。

1. 不预设实现资本项目完全开放的最终时间

目前，很多观点认为2020年我国将实现资本项目开放，理由是：国务院通过的关于推进上海建设"两个中心"意见明确提出，到2020年，将上海基本建成与中国经济实力和人民币国际地位相适当的国际金融中心。这种观点有一定的道理，但并不必然，理论上一个金融中心也可以不依托当地货币发展起来，如离岸金融中心。

1997年、2007年两次大的金融危机表明，国际金融形势瞬息万变，面对如此多变的外部环境，预设资本项目开放的最终时间表将束缚住自己的手脚，挤压政策回旋的余地。

2. 依人民币汇率形成机制变化，设定资本项目开放路径

在资本项目开放各项条件中，人民币汇率机制对资本项目开放的约束性最强。因此资本项目开放在阶段的把握上应以人民币汇率机制这一条件的变化为基准。只有当人民币实现了浮动汇率时，资本项目才有条件实现完全可兑换。

今后，我国人民币汇率形成机制的改革应继续坚持主动性、可控性、渐进性的原则，逐步提高弹性空间。在国内外经济环境均稳定的条件下，择机实施浮动汇率制度。在这一过程中，资本项目开放应坚持先开中长期资本项目，后开短期资本项目；先开投资项目，后开债务项目；先开资金流入渠道，后开资金流出渠道；在资金流出项目中，先开直接投资渠道，后开证券投资渠道的顺序逐步推进。当前，外汇管理部门为促进国际收支基本平衡，正在尝试改变"宽进严出"管理模式，实行资金流入流出均衡管理，逐步使资金双向流动的条件和环境趋于一致，在这一过程中对资本项目管理模式的改变仍需谨慎。

与此同时，与人民币跨境贸易结算相配套，逐步扩大人民币流

出和回流渠道，可考虑试点人民币跨境投资政策，扩大离岸人民币投资境内债券的试点等。人民币跨境流动虽然不涉及汇率制度，但人民币的大量流出入同样会对国内货币政策的独立性造成压力，扰乱国内正常的金融、经济秩序，因此，需要尽快建立起人民币跨境流动监管系统。

3. 在资本项目开放过程中，持续提升人民币区域货币的作用

自 2005 年新一轮汇率改革以后，我国资本项目开放速度有所加快，但开放更多的是从程度较高的管制向较低调整，正处在一种量变的阶段，所调整的项目并未进入可兑换行列。从目前国内外已有的研究来看，我国可兑换项目的数量在资本项目中的比重在 25% 左右，根据本研究的分类，我国的资本项目开放目前正处在第二阶段（参见表 4.3）。

表 4.3　资本项目开放过程中，人民币区域货币功能的可能变化

资本项目开放程度阶段及特征	人民币区域货币功能	辐射的空间范围
第一阶段：资本项目严格管制，人民币兑换及使用多在民间进行	边境贸易中作为计价结算的手段	周边邻国
第二阶段：资本项目开放度达到 25%，存在人民币流出入官方渠道	一般贸易中作为计价结算手段	非邻国
第三阶段：资本项目开放度超过 50%，人民币流出入渠道进一步拓宽	作为国际投资和国际借贷的工具	非邻国
第四阶段：资本项目开放度超过 75%*，人民币基本实现可自由兑换	政府的国际储备手段	被相当多的国家所接受

数据来源：作者整理。

注：本研究中资本项目开放度是指根据 IMF 分类，43 个资本项目中实现了开放的项目比例。在参照了当前已经被认定为实现了自由兑换的发达经济体的资本项目开放情况，并结合中国实际的基础上，本研究将资本项目开放度超过 75% 认定为人民币基本可自由兑换。

在我国资本项目开放过程中，人民币的区域货币功能及对外辐

射的地域范围将发生变化。在现阶段，人民币开始在一般贸易中充当计价结算，并且不局限于周边国家和地区。

如果将 1996 年在中越贸易中首次通过银行办理边境贸易人民币结算业务作为第一阶段的起点，将 2009 年人民币跨境贸易结算作为第二阶段的起点，那么我国从第一阶段迈向第二阶段用了大约 13 年的时间。从目前的发展趋势来看，我国从第二阶段向第三阶段（即人民币开始作为国际投资和借贷工具）的时间将大幅缩短，极有可能在未来 3~5 年内得以实现。难度主要集中在从第三阶段向第四阶段迈进的过程中，随着资本项目开放程度的提高，开放的难度不断加大，从时间上来看，从第三阶段上升到第四阶段少则 5 年，多则 10 年可以完成。

执笔人：张丽平

第五章

货币国际化的国际
经验与教训

一、英镑国际地位的演进与背景

从工业革命开始直到第二次世界大战结束之后建立起布雷顿森林体系，英镑在国际货币体系中占据着最重要的地位，没有受到过挑战。即使是在英国的国际政治与经济地位快速衰落的两次世界大战期间和之后，英镑在国际货币体系当中仍然占据着重要地位。回顾并总结这一段历史，对于规划人民币区域化和国际化进程必定会有所帮助。

1. 支撑英镑国际化的货币制度：金本位制度

英镑（以及后来的美元）的国际货币地位与金本位制度在资本主义世界的普及密切相关，因此英镑取得国际货币地位的过程不得不从金本位制度的建立说起。马克思说，"货币天然不是黄金，黄金天然是货币。"换言之，可以充当货币是黄金天生的用途，但是真正充当货币的（金属）却不一定是黄金。

事实上，有多种金属可以充当货币。黄金甚至不是其中最适合充当货币的金属。黄金价值较高，适合大额的交易，例如长途贩运，这在城邦时代的地中海十分普遍。但是毕竟大额交易在任何时代都只是少数。

多数交易需要小额的货币。因此，在更频繁的中等和小额交易当中，白银、铜、铁及其合金更加适合。很多国家都经历了多种金属货币混合流通的时代，欧洲使用过金、银、铜，中国不仅使用过贵金属，还使用过铁。

在人类创造出信用货币之前，多种金属混用也许是比较好的选择。而在多种金属货币混合流通的时代，黄金并没有显示出特别的优势，就文明史比较悠久的欧洲和亚洲两个大陆来看，在较长时间里白银甚至黄铜充当货币的地位也要比黄金稳固。

英国也是一样。直到 1344 年，英国一直是一个单一使用银币的国家。从这一年开始，一种名为 noble 的金币开始在英国流通，从此英国成为混合使用金银两种铸币的国家。银币仍然是唯一的法定本位货币，直到 1816 年。

在混合使用金银铸币的时代，金银铸币的含金量和含银量也时有调整。由于早期冶炼技术的不足，金属来源对铸造出来的货币有很大影响，之后合金技术应用到铸币，于是时不时地有新的金银铸币品种引入，金银两种铸币的比价也因此发生变化。

从 1717 年开始，金银铸币之间建立起了固定的汇价。在这个时代，正好是对现代科学做出了巨大贡献的物理学家伊萨克·牛顿爵士（1643～1727）担任铸币官的时候。固定金银铸币之间的汇价可以便利支付，但是在操作上出现了一个问题：金银两种贵金属各有其市场价格，二者之间的比价是波动的，当市场上的金银比价不等于牛顿爵士规定的固定比价的时候，市场上存在着套利的机会。

尽管牛顿爵士降低了英国法定的金币兑银币的比价，但仍然高于欧洲大陆国家的比价，这个差异没有引起牛顿爵士的重视，但是导致了一个重大的结果：在随后的将近一个世纪的时间里，英国从银本位制度向金本位制度转变。

转变的力量来自跨海商人们追逐利益的行为。由于英国国内的金银铸币比价与其他国家不同，因此在英国和其他国家之间出现了无风险套利的机会。当时没有发达的金融市场，因此套利几乎只能通过真实贸易（而不是金融交易）完成，也就是通过今天所说的"经常项目"。与海外的金银铸币比价相比，英国市场上黄金高估、白银低估。于是，英国商人到海外采购货物的时候，把白银输送到国外使用；而对外出口的时候，英国商人尽可能地向对方索要金币。这样，白银不断流出英国，而黄金持续流入。直到银币在英国市场上消失，商人的无风险套利活动才停下来。

此时的英国，名义上继续维持着银本位制度，黄金并非本位货币，但是事实上英国已经成为一个没有银币、单一使用金币的国家。而欧洲大陆依然是混合使用金银两种铸币的区域。当英国人意识到这个问题的时候，恢复名副其实的银本位制度对英国来说已经不可能。因为白银大量外流，英国已经不具备回到银本位制度所必需的白银储备。1816年，英国政府接受了金本位制度这个既成事实，正式"放弃了"早已名存实亡的银本位制度，英国成为最早废除银本位制度、建立金本位制度的国家。

2. 支撑英镑国际化的银行体系：伦敦金融城

传统银行业早就在英国生根落地，英国本地银行业的一个口口相传的起源是贵金属加工业，银行家起源于金匠（goldsmiths）。金匠的业务原本是为客户加工贵金属，金匠得到加工贵金属的机会之前，必须得到客户的信任，而一旦得到了客户的信任，就容易衍生出为客户保管贵金属的副业，这个副业就相当于现代商业银行的储蓄存款业务。

当金匠保管的贵金属足够多的时候，他会发现：众多的客户不会同时来提取贵金属，因此他保管的贵金属其实可以挪用。如果挪用客户的一部分贵金属用于放贷，自己可以获得一笔利息收入，也不会影响客户来取货，这已经是现代商业银行采用放贷业务和部分准备金制度。

其他金融业务也各有其起源。例如，在现代工业发源地的曼彻斯特，就有一种兼营酒吧的"银行家"，从事借据贴现业务。

伦敦之所以成为历久不衰的世界金融中心，是因为它不断吸收来自世界各地的新鲜血液。来自南欧的被称为"伦巴第人"的移民就聚集在伦敦城里的一条街上，以他们祖传的货币兑换（money change）为生。这条狭小而著名的街道位于伦敦金融城的核心，以"伦巴第人"命名。如今和旁边的针线街（Threadneedle Street）一起，被最有名气的投资银行占据。

现代银行并没有诞生在英国，而是诞生在阿姆斯特丹。1609 年，阿姆斯特丹银行成立，比英格兰银行早了 85 年。阿姆斯特丹银行是一家城市银行、财政银行和兑换银行，既吸收存款，也发放贷款。英格兰银行成立于 1694 年，但是英格兰银行是当时唯一一个享有国家银行业务垄断权的股份制银行，当时只有英格兰有这样的银行制度。

苏格兰银行比英格兰银行晚成立一年，这两个后起之秀仿效了阿姆斯特丹银行，从一开始就发行纸币。1707 年，英格兰王国和苏

格兰王国合并为大不列颠联合王国。按照《统一条约》（Treaty of U-
nion）的约定，联合王国的货币统一为英镑。

与后来遇到的主要竞争对手美国相比，英国的银行制度相对比
较成熟，银行业集中度比较高，金融市场波动较小。20世纪60年
代，萨伊（R. S. Sayers）比较了美国的单一银行制度（unit banking
systems）和遍及很多国家的英国分支银行制度（branch banking sys-
tems），认为这两种模式是银行制度的两个极端。从银行数量来看，
美国的银行数量曾经达到25000家以上，直到今天还有8000多家，
而英国的银行只有400家①。

萨伊认为：经过不断的金融创新，各国银行系统将向一种共同
的模式演化。金融创新逐渐改变着当代各国银行业的格局，但是模
仿比创新更加容易，金融创新不仅容易被模仿，而且无法申请专利。
所以，世界各国的金融机构将面对越来越相似的技术和成本条件。
如果我们可以假定全世界的金融机构都在尽力采用成本最低的途径
满足大众对金融的需求，那么全世界的金融体系将必然向共同的目
标演进。

萨伊进一步认为，各国银行业演变的目标将是英国的银行体制，
这种银行体制早在19世纪下半叶就已经在英国成型。在此后的岁月
中，尽管各种金融创新层出不穷，但是英国银行业的基本结构没有
发生根本性的变化。马寅初先生1944年完成的《通货新论》中也提
到："英国银行制度良好，久为世人所信任。""……有数百年之经
验，卓著信用。""美国银行制度尚在逐渐演进中，对于英国实望尘

---

① 根据英格兰银行网站上发布的数据，截至2001年8月31日，英国共有商业银行400家。
其中本土银行103家，另有108家银行来自其他欧盟国家，40家来自美国，18家来自日本，55家
来自其他发达国家，其余76家来自其他国家。

莫及。"

3. 支撑英镑国际地位的大国崛起："日不落帝国"

英国是工业革命的诞生地，因此成为世界第一军事和经济强国。不列颠帝国的殖民地和领地遍布全球，号称"日不落帝国"（an empire on which the sun never sets）。随着英国在各个方面的对外扩张，英镑也随之走向世界，成为世界货币。

在一些国家和地区，例如加拿大，英镑就是法定货币之一，尽管加拿大有自己的货币加拿大元。在另一些国家和地区，英镑一度是当地的本币。例如澳大利亚、巴巴多斯、英属西非、塞浦路斯、斐济、爱尔兰自治州、牙买加、新西兰、南非以及南罗德西亚。还有一些国家和地区的货币与英镑挂钩。所有这些国家和地区都是英镑区的组成部分。

英镑的国际化与工业革命诞生在英国并且成功导致了英国的崛起不无关系。其间的联系有两个路径：

第一，英国靠海外贸易扩张崛起。早在工业革命发生之前，欧洲一个个国家的"崛起"都是通过扩张海外贸易。工业革命诞生于英国，但是它带来的生产能力扩张是英国无法容纳的。因此英国的工业革命依赖于经济的全球化。这样，海外贸易是工业革命的关键前提。工业革命为英国商人提供了可供拓展海外市场的英国产品，因此英国在海外贸易上取得了霸主地位。

第二，建立在资本主义制度之上的国际贸易体系有许多游戏规则，统一的货币就是其中之一。这个问题可以用反例来说明：如果一个后发国家维持与英国不同的货币制度，那么就不容易参与到全球化进程之中。

在资本主义制度早期，许多国家采用的是金银复本位制度或者银本位制度。这类国家面对两类困难。其一是货币之间的兑换率问题。在金融市场不够发达的情况下，汇率变动对实体经济的影响很大。其二，复本位制度国家还可能遇到"劣币驱逐良币"问题，导致市场上只会有一种货币充当媒介，而另一种货币被收藏起来。

在19世纪晚期和20世纪早期，越来越多的国家转而采用金本位制度。金本位制度的普及便利了国际贸易。在两个采用金本位制度的国家之间，汇率决定于两种货币的含金量之比。只要各国货币的含金量固定不变，各国货币之间的汇率也就是固定不变的。当时英镑兑其他主要货币的汇率是：1英镑等于4.85美元、4.89加拿大元、12.1荷兰盾、25.22法国法郎、20.43德国马克、24.02奥匈帝国克朗。

4. 国力衰退导致英镑国际地位缓慢衰落

1914年爆发的第一次世界大战导致英国暂时中止金本位制度，英格兰银行券和国债成为法定支付手段。战争造成的损失削弱了英国的经济实力，英镑的国际货币地位已经岌岌可危。

一方面，一战前，英国持有全世界海外投资的40%；一战后，英国的海外投资成为负的8.5亿英镑（相当于2010年的307亿英镑），投资主要来自美国。英国为这些投资支付的利息占到全部政府支出的40%。英国的黄金储备已经无法维持英镑的国际货币地位。另一方面，当时美国、德国的工业生产能力已经崛起，英国工业产品的国际竞争力已经不足以维持战前的英镑汇率。

但是，在英国政府的主导下，英镑继续强撑着充当国际货币。于是，一个变了形的金本位制度——金块本位制（gold bullion standard）——在1925年建立起来。在这个制度下，英镑和黄金之间已经不完全可兑换，英镑维持一战之前的强势汇率水平。

金块本位制维持了 6 年，在大萧条开始后的 1931 年终止。终止的时候，英镑贬值了 25%。从 1940 年开始，英美两国的协议规定，英镑美元之间维持 1 英镑兑 4.03 美元的固定汇率。这个汇率维持到二战之后，成为布雷顿森林体制（Bretton Woods system）的一部分。布雷顿森林体制的建立彻底宣告了英镑作为最重要的国际货币的历史的终结。1949 年 9 月 19 日，英镑一次性贬值 30.5%，1 英镑仅兑换 2.8 美元。

在布雷顿森林体制建立之前，英镑一直是最重要的国际货币。马寅初先生在《货币新论》一书中讲了这样的案例：中美之间跨过太平洋进行贸易十分容易，这原本与英国没什么关系。可是直到二战期间，中美之间的贸易竟然要通过英国的银行、用英镑计价和结算。马先生说，不用中国货币还容易理解，因为中国境内战争不断，国民党政府发行的金圆券币值不稳、恶性通胀。但是不用美元就不那么容易理解了。美国毕竟远离战场，经济特别的繁荣，币值也算得上稳定。

即使在以美元为中心的布雷顿森林体制建立之后，英镑的国际货币地位仍然延续。1949 年新中国建立的时候，新政府让人民币汇率名义上与英镑挂钩，尽管当时布雷顿森林体制已经实施了 4 年。当然，人民币不和美元挂钩与中美在朝鲜战场上正面冲突有关，并不说明中国政府忽视美元的地位。但是人民币与英镑挂钩，说明中国政府认为英镑仍然是除了美元之外最重要的国际货币。

在当今国际货币体系当中，英镑是一只"瘦死的骆驼"。在世界外汇市场上，英镑仍然是第四大交易货币，位列美元、欧元和日元之后。2006 年以来，由于日元衰落，英镑取代日元成为第三大官方外汇储备货币，位列美元和欧元之后，比重占 4.3%。英镑还是国际货币基金组织特别提款权的组成货币，在其中占据 11.3% 的份额。

二、美元国际地位的演进与背景

观察美元在国际货币体系当中的地位，能够看到界限分明的三个阶段。

第一个阶段是在 1944 年布雷顿森林体制建立之前。早在 19 世纪末期，美国就已经成为全世界最大的经济体，其经济规模远远超过其他任何一个资本主义国家。特别是在第一次世界大战之后，美国的经济地位进一步巩固，国际政治势力也如日中天。但是，此时的美元没有具备与美国经济地位相称的国际货币地位，英镑仍然是最重要的国际货币。

第二个阶段从 1944 年到 20 世纪 70 年代末期，也就是布雷顿森林体制建立、暴露出问题、遇到危机、解体、尝试重建、直到最后彻底放弃的过程。在布雷顿森林体制当中，美元与黄金等价，而且是最重要的国际货币。与前一阶段相比，美国的经济地位并无特别提高。在这一阶段的后期，美国经济实力衰落还让美元的国际货币地位受到怀疑。

第三个阶段是布雷顿森林体制解体之后。此时美国的经济地位逐渐衰落，美元不再与黄金挂钩，美国不再承担维护美元价值的国际责任，各国货币也逐渐趋向自由浮动。有鉴于此，美元国际地位的衰退似乎是情理之中的事情。事实却正好相反，美元至今仍是最重要的国际计价、清算和储备货币。在世界许多国家和地区，美元甚至继续充当着本位货币的作用。

以下分别回顾这三段历史，提出三个问题并且提供寻找答案的线索。第一，在"前布雷顿森林时代"，在看起来"万事俱备"的情况下，美元为什么没有获得与美国的经济和政治地位相对应的国际货币地位？把这个问题简记为"为什么不是美元"。第二，在"布雷顿森林时代"，美国的国际经济和政治地位仅仅略有提高，但美元成为了最重要的国际货币。是什么因素导致美元迈出了关键一步？也就是"为什么是美元"。第三，在"后布雷顿森林时代"，美国违背了曾经对世界做出的承诺，但是出乎意外的是，美元的国际货币地位反而延续下来。把这个问题简记为"为什么还是美元"。

（一）"前布雷顿森林时代"：为什么不是美元

早在上一个世纪之交，美国在国际经济体系之中的地位就足以支撑美元成为国际货币。据《新美国经济史》记载，直到1810年甚至1860年，美国的工业产值仍然落后于英国、法国，很可能也落后于德国。但是，同期美国国内大规模修建铁路让美国经济起飞进入自我持续增长的阶段。到了1894年，美国的工业产值已经成为世界第一。第一次世界大战（1914年8月～1918年11月）前夕，美国的工业产值已经相当于英、法、德这三个最大竞争对手的总和。

第一次世界大战使美国相对于其他国家的地位发生了永久性改变，从根本上改变了"中立的"美国在世界经济中的角色。海外对美国的食品、原料、制成品以及远洋运输的需求创出历史新高。有数据显示，美国战时工业委员会实施的命令经济使1917年和1918年的产出增长了18%。为了从美国采购，英国、法国和其他协约国变卖了大部分在美的投资，英国变卖了股票和债券的70%左右。即使在战后，美国的产品和服务贸易在1919年和1920年也分别有49亿和35亿美元的盈余。

连续的盈余使美国从 1914 年的一个欠债 37 亿美元债务国，一跃成为 1920 年的一个外贷 126 亿美元的债权国。战前，美国的经常项目盈余与资本项目赤字相平衡，战后美国的经常项目和资本项目出现双盈余。1919 年底，美国政府已经持有净政府间债券 96 亿美元，相当于当年 GNP 的 1/6。英国按照战前 1 英镑兑换 4.86 美元的汇率恢复金本位制的努力让英镑高估了 10%，更加重了不平衡。之后的 10 年间，美国官方黄金储备增长了 11.49 亿美元，增长超过 50 个百分点。"欧洲的经济稳定还是取决于美国的举动。"

不过，此时的美国还不习惯来得太快的"大国"身份，是一个"世界经济的不情愿的领导者"。在很长一段时间里，美国并不愿意承认国际地位的变化，也不愿意承担随之而来的责任。这在签订停战协议中就有所表现。这一协议是在美国总统威尔逊的"14 点计划"的基础上撰写的，把协约国的军事伤亡和战争的机会成本排除在外。但是，德国人刚刚放下武器，其他协约国就修改了"和平条款"，要求最完全的赔偿。美国能做的只是在外交上让自己跟这些要求脱离瓜葛。

在货币制度方面，美国是很晚才接受资本主义世界的惯例——金本位制度。美国从 1791 年开始实施跛行本位制（limping standard），1834 年修改铸币比率之后，市场上的银价高于铸币厂的银价，因此美国实际上停止了铸造银币，银元从实际上退出了流通。直到 1874 年，越来越多的欧洲国家改用金本位制，并卖出多余的白银，而且美国西部发现了大银矿，导致市场银价大跌，美国又开始铸造足值的银元法币。直到 1900 年国会通过《金本位法案》才正式取消。即便如此，也没有导致一种更为简单和一直的通货出现。

美国在南北战争期间（1861～1865 年）有 1600 家州立银行，

在大萧条发生之前达到 25000 家，大萧条中银行倒闭了 40%。每家银行都可以发行自己的银行券，因此美国的银行券品种曾经上万，伪造的也有好几千。"这种混乱的货币和银行体系增加了交易成本。"直到 1913 年建立联邦储备系统（Fed），美国才开始从国民银行收回发行银行券的权利。但是刚刚成立的 Fed 经验不足。一些金融史学家认为，J·P·摩根的果敢行动挽救了 1907 年的金融危机，1917 年和 1929 年的 Fed 却没有发挥这样的作用。

在货币与金融方面，美国国内的制度还很不健全，因此在国际货币和国际金融问题中发言权很少。马寅初先生在 1944 出版的《货币新论》当中指出，"英国银行制度向采集中制，以英格兰银行为其首，其下有五大银行，其分支机构分布全国，拥有数百年之经验，卓著信用。美国采国民银行制，各自独立，力量薄弱，一有风潮，相率倒闭，久为国内外人士所诟病……美国银行制度尚在逐渐演进中，对于英国实望尘莫及。"马寅初先生还举中美贸易为例。中美贸易本来与英国无关。但是，因为英国银行信用卓著，中美两国银行都无法望其项背，中美贸易中使用的汇票需要英国银行家承兑才可以在金融市场上贴现。

综上所述，美国在 20 世纪初的经济规模已经达到了世界第一，也因为第一次世界大战而成为最大的债权国，但是就其货币制度和银行体制而言，既非资本主义主流，也非世界领先。因此，美元不是最重要的国际货币，也就不再奇怪。

（二）"布雷顿森林时代"：为什么是美元

要理解美元是如何获得了国际货币体系中的核心地位，不能不从第二次世界大战以后的世界局势说起。二战是有史以来对资本主义世界最大的破坏。战争结束的时候，许多参战国家都面对通胀、外债、贸易逆差、财政赤字和黄金美元供应的枯竭。1948 年，奥地利的批发价格上涨 200%、法国上涨 1820%、日本上涨 10100%。这些国家的货币都是靠不住、不能持有的。英国从世界最大的债权国变成了世界最大的债务国，因此英镑的国际货币地位也岌岌可危。

1947 年的美国，已经坐拥全世界黄金储备的 70%，达到 209 亿美元。与美国相比，其他国家的黄金储备就显得微不足道了。例如，中立国瑞士的黄金储备略超 14 亿美元，法国有将近 7 亿美元，比利时 6.4 亿美元，阿根廷 4 亿美元，印度 4 亿美元，英国更是仅剩下价值 100 万美元的黄金储备。也就是说，在金本位制度下，唯有美国货币美元的含金量是有足够的外汇储备为后盾的。在布雷顿森林体制达成之前，整个世界仍然处于战争之后的经济危机状态。国际贸易当中最受欢迎的货币是黄金，其次是美元，其他国家的货币，都免谈。

参加布雷顿森林会议的国家总共有 44 个（一说 45 个），但竞争性的方案只有两个：一个来自英国，著名英国经济学家约翰·梅纳德·凯恩斯（John Maynard Keynes）提出的方案；另一个来自美国，财政部的首席国际经济学家哈里·德克斯特·怀特（Harry Dexter White）提出的方案。凯恩斯的方案是建立一个全球性的中央银行，提供一种名为"班科（bankor）"的国际信用货币。怀特的方案是回归金本位制。凯恩斯的方案强调全球复苏，怀特的方案强调币值稳定。最后的方案融入了两人的建议，但以怀特的方案为主。凯恩斯对布雷顿森林会议的评价是：说了算的国家们想怎么样就怎么样，最终会如愿以偿。

在布雷顿森林会议上被放弃的凯恩斯方案比被采纳的怀特方案

更加先进。凯恩斯当年提出的"班科"与后来国际货币基金组织（IMF）使用的特别提款权（SDR）异曲同工。之所以怀特方案被采纳而凯恩斯方案被放弃，主要是因为美国的利益。如果建立一个全新的全球央行创造"班科"，意味着黄金将迅速地"非货币化"，黄金的价值将大打折扣。拥有美元越多的国家，损失越大。这是美国不能接受的。有资料说：美国财政部根本没有认真考虑过凯恩斯的方案。

美国财政部维护美国利益是可以理解的。可是参加会议的一共有40多个国家。这些国家并不天然就是听美国话的举手机器。如果得不到其他国家的支持，美国财政部的主张也很难体现在最后的决议中。那么，其他国家为什么站在了美国财政部一边、支持了怀特方案呢？有资料说，无论军事上、经济上还是政治上，当时的美国都是世界上最强大的霸权国家，因此多数国家都不得不接受美国的方案。这个解释符合"给霸权抹黑"的主流意识形态，但没有触及真正的原因。

真正的原因是：尽管讨论是在怀特方案和凯恩斯方案之间进行，但是所有参加最后投票的国家都知道，由于美国不会接受凯恩斯方案，因此各个国家面对的真实选择是在怀特方案和会议无果而终之间进行。对所有国家来说，如果会议无果而终，那么世界仍将面对国际货币不足的困难。其他国家可以选择接受美元，但持有美元不可避免地承担美元贬值的风险。这比接受怀特方案更糟糕。

对除了美国之外的世界各国来说，怀特方案（基本等同于布雷顿森林体制）是一个改善。当然，这些改善涉及多个方面，构成一个"篮子"。在这个"篮子"当中，与货币制度相关的一个就是：美国承诺让美元和黄金挂钩（35美元兑换1盎司黄金）。在这个前提下，各国政府、企业和个人才把美元当成黄金的良好替代品。美元因此才成为最主要的国际货币，美国才有能力拿着本身并不值钱的"绿背纸钞"去拯救满目疮痍的世界。

（三）"后布雷顿森林时代"：为什么还是美元

为不断增长而又不时波动的世界经济提供数量合适的国际货币不是一件容易的事情，况且还要保持黄金窗口开放并且维持"35 美元兑换 1 盎司黄金"的承诺。比利时裔美国经济学家罗伯特·特里芬在 60 年代指出，提供国际储备货币的国家必须维持巨大的贸易赤字，才能满足世界对储备货币的需求。于是，用一国货币充当国际货币将导致国内货币政策目标和全球货币政策目标不能两全的状况。这就是"特里芬难题（Triffin Dilemma）"。就在特里芬难题提出来之后不久，伦敦市场上的金价就涨到了 40 美元，显示投资者知道美元高估、而且相信高估的美元汇率已经维持不了多久。

为了维护美元与黄金的固定汇率，美国曾经努力不偏离强势美元政策，并且付出了巨大代价。这个代价有多大？恐怕谁也没有办法全面统计出来。这里仅举一例：在 20 世纪 80 年代初期以前，金融危机也时有发生。仅 70 年代就发生了三次大的危机（包括两次石油危机）。但是美联储从来没有像今天这样，一次次地使用越来越宽松的货币政策拯救金融危机。相反，美联储总是迅速提高利率、控制通胀，维护美元与黄金的固定汇率。直到 80 年代中后期，布雷顿森林体制已经寿终正寝了十多年以后，美联储才彻底放弃了恢复金本位的希望，拯救危机的办法才走到另一个极端，直到今天（见图5.1）。

1971 年 8 月 15 日，"承诺"终于压垮美国，尼克松总统宣布关

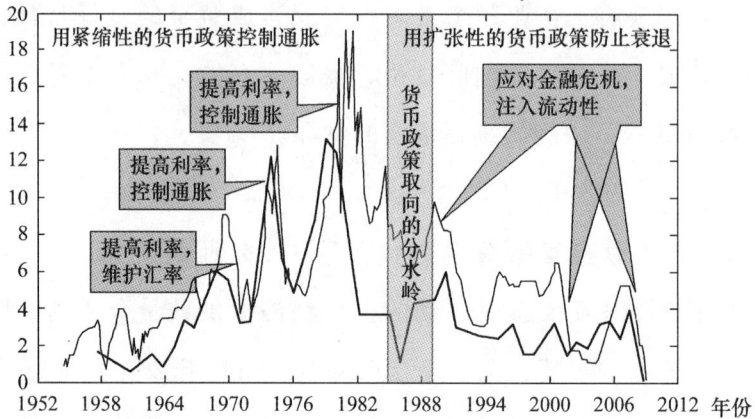

图5.1 美联储应对金融危机"套路"的分水岭

资料来源：吴庆：《见证通胀》，上海远东出版社2011年版。

闭黄金窗口。当年12月，G10会议达成史密森协议（Smithsonian Agreement），允许美元贬值到38美元兑换1盎司黄金。即便如此，市场仍然认为美元高估。市场汇率在1971年曾经达到44.2美元兑1盎司黄金，1972年达到70.3兑1盎司黄金。1973年2月不得不再次关闭黄金窗口，3月份重新打开黄金窗口的时候，美元与黄金已经采取浮动汇率制度。到1976年，所有主要货币之间都变成了浮动汇率。布雷顿森林体制崩溃之后，美国摆脱了固定汇率的束缚，终于有了独立于世界的本国货币政策，多了一些工具解决国内的经济问题。

把布雷顿森林时代的美元称为"国际货币"，多少有些恭维的成分。世界各国之所以接受美元，一是因为黄金短缺，不得不退而求其次；二是因为美国财政部开放黄金窗口，承诺让任何国家都可以在需要的时候用"35美元兑换1盎司黄金"。因此，黄金才是真正的本位货币，美元只是狐假虎威地充当黄金替代品。布雷顿森林体制又被称为"黄金美元本位制"。

　　出乎经济学家们意料的是：布雷顿森林体制崩溃之后，与黄金脱钩的美元非但没有"非国际货币化"，反而来了一次"凤凰涅槃"，变成了真正的国际货币。麦金农和大野研一指出：尽管并没有明确制定规则，但是到目前为止，东亚地区仍然维持着事实上的美元本位制。这表现在：第一，各国在制定汇率政策的时候，均以美元为锚货币。从某种意义上说，共同的锚货币意味着区域内的货币协调。第二，各国的外汇储备均以美元资产为主。东亚地区实际上是一个美元区。

　　对于这个匪夷所思的变化，东京大学教授伊藤隆敏的解释是：东亚国家采用什么样的货币制度，取决于周边国家的选择。如果周边国家选择美元本位制，那么这个国家的最优选择就是美元本位制。因此，如果要改变东亚国家普遍采用美元本位制的状况，各国的货币制度转变必须同步。不幸的是，东亚国家之间协调失败（cooperation failure），导致货币制度锁定在美元本位制。

三、欧元崛起的努力与取得的成绩

　　早在 1929 年，古斯塔夫·斯特拉斯曼（Gustav Stresemann）就提出了欧洲经济和货币联盟的设想。不过，真正的欧洲经济和货币合作却到 20 世纪 50 年代末期才开始起步。当时有两个相关的时代背景。

　　第一，是布雷顿森林体系已经暴露出了种种问题，开始有学者指出这种体制不可持续。布雷顿森林体制早期遇到的最主要问题是"美元荒"（dollar gap）：20 世纪 50 年代初世界各国因为恢复性的建设而需要大量进口美国商品，对美国贸易逆差严重，但是缺乏足够的货币清偿债务。20 世纪 60 年代，比利时裔美国经济学家罗伯特·特里芬指出：世界经济需要足够多的美元才能正常运转，美元也必须维持长期币值稳定，但是这两个目标不能都实现。这一著名的"特里芬难题"（Triffin Dilemma），暗示布雷顿森林体制不可持续。

第二，欧洲小国林立，各国之间不可避免地存在各种利益冲突，是两次世界大战的发源地。在二战之后，冷战形势一度十分严峻，随时都有擦枪走火、再次爆发战争的可能性，导致欧洲国家普遍缺乏安全感。因此，增进合作、避免冲突，特别是避免再次爆发世界大战这种最坏的情形发生是欧洲各国非常强烈的愿望。实现这一目标有多种方案。欧洲一体化（integration）是其中最具雄心的一种，包括了政治、军事、外交等十分广泛的内容，目标是构建欧洲新秩序。本章只涉及其中有关经济一体化的部分，特别是货币合作和欧元崛起。

（一）欧洲货币一体化的阶段性进展

欧洲经济和货币一体化进程可以追溯到欧洲共同体的起始。标志性事件是 1957 年 3 月 25 日在罗马签订的欧洲经济共同体（European Economic Community，EEC）条约。为了实现条约中的一些目标，例如创造共同市场、成员国之间经济政策的趋同（convergence），就必须废除对商品、人员、服务和资本在各国之间自由流动的限制，而当时欧洲各国普遍存在资本流动限制和外汇管制。因此，一些学者认为，最初的 EEC 条约中已经隐含了资本自由流动和汇率政策协调的内容。

在欧洲经济共同体的框架内包含着国家主权的让度。尽管制订经济和货币政策的责任仍然保留在各个国家的手中，但是对经济形势适当的应对措施也可以在欧洲议会（European Commission）的层次上，经过各国代表的无记名投票而决定。这是欧洲经济一体化进程当中重要的第一步。

欧洲经济共同体推进一体化进程的主要途径是加强各国政府之间的政策协调和合作。在经济和金融领域，为了实现高就业、价格稳定、外部平衡和货币信心，各成员国同意协调各自的经济和货币政策、强化相互之间的合作，特别是在相关的部长和中央银行之间。

在欧洲经济共同体的框架内，新成立了货币委员会（Monetary Committee），由各国的相关部长、央行行长构成。此外，各国政府之间达成的共识还包括：各国之间的支付自由化、资本以及劳动收入跨境流动也应该获得批准。

欧洲共同体还具备一致对外的作用。各国政府同意：在关系到欧洲共同市场的特殊利益的所有问题上，欧洲各国要进步到"用一个声音说话（speak with one voice）"。对于共同的商业政策，欧洲议会站在共同体的利益上协商，为此还设立了专门的委员会。

欧洲经济共同体之后的进程，大致可以分为四个阶段。每个阶段为期 10 年。

1. 第一步努力

1969 年，欧洲经济和货币联盟（EMU）成立，目标是实现《巴里报告》和各国家及政府首脑海牙峰会上的决定："经济政策和货币合作的更深入的协调。"经过多轮接触之后，卢森堡总统兼财政部长皮埃尔·维尔纳（Pierre Werner）为主席的一个专家组提交了第一个达成一致的蓝图：从 1970 年开始，分三个步骤建立一个经济和货币联盟。

1971 年的美元危机和随后爆发的石油危机严重冲击了欧洲经济和货币联盟的构建，各国采取了不同的应对策略。但是，在稳定汇率方面，1972 年 4 月达成的巴塞尔协议（Basel Agreement）确立了欧洲货币之间的"蛇洞制"（snake in the tunnel），1973 年建立了欧洲货币合作基金。

然而"蛇洞制"并不怎么成功，越来越多的货币开始自由浮动。1973 年意大利里拉开始自由浮动；1974 年法国法郎开始自由浮动，1975 年再次参加一体浮动，1976 年再次退出；1977 年瑞典克朗退出；1978 年挪威克朗退出。

2. 第二步努力

1979 年开始，欧洲货币合作的目标是建立一个欧洲货币体系（EMS），目标是建立一个货币稳定的区域，以便实现成员国家之间更紧密的经济趋同。原因很简单：欧洲共同体（EC）各国货币之间的浮动汇率既不利于区内各国之间以及区内国家与区外国家之间的贸易，也不利于区内国家的凝聚和相互之间的投资。石油危机和政治家的意图都强调这一阶段的合作重心是建立一个雄心勃勃的欧洲统一市场，而不是立即建立一个统一的货币联盟。

3. 第三步努力

1986 年 2 月通过的统一欧洲法案（Single European Act）规定了在统一的内部市场上实现"公平和公正"的竞争和长期稳定的几条主要的经济前提条件。还在欧洲经济共同体条约中引入了一个新条款（Article 102a），特别提到欧洲货币体系和欧洲货币单位（EMU）。

在 1988 年 6 月的汉诺威峰会上，对欧洲货币单位的讨论导致了一个由 12 个组成国家的中央银行总裁们组成的"特别委员会"，由雅各布·德罗斯（Jacques Delors）为主席，负责提出建立一个建立经济和货币联盟的时间表，其中要包括清晰、适用和面对现实的步骤。放开资本流动本来应当成符合逻辑的通向共同货币的第一步。

德罗斯委员会1989年4月向公众提交了"关于欧盟经济与货币合作的报告"，其中的建议获得一致通过。委员会主张：在不可撤销地确定参与联盟的各国货币之间的固定汇率之前，先采取行动让各国经济接近、价格稳定，约束各国财政预算。委员会还建议了通往经济和货币统一的三个步骤。

马德里欧洲议会（Madrid European Council）把德罗斯报告当成是进一步行动的基础，因此1989年6月决定：从1990年7月开始，启动创造统一货币的第一步。同年12月决定：在1990年底之前召开一个政府间会议（IGC），商议有关经济与货币合作的事宜，特别是修改较早的经济和货币联盟条约。在作为筹备会议的1990年7月的经济和财政部长会议上，货币委员会提出了统一货币政策和统一货币的建议。除了英国之外的另外11个成员国支持这一建议。这样，在有关政治联盟的政府间会议之外，增加了一个经济与货币一体化的政府间会议。"没有统一的货币就没有统一的市场和经济联盟"观点被提出来且被广泛接受。于是，在1990年8月的文件里，提出了以下四个建立经济和货币联盟的要点。

第一，货币政策必须有一个全新的机构，欧洲中央银行来制订和操作。

第二，欧洲中央银行的最基本任务是维持价格稳定，欧洲央行必须独立于政治压力之外。

第三，成员国通过预算约束实现各国经济政策的一致非常重要。

第四，欧洲货币单位（ECU）必须成为欧洲未来的唯一货币。

1991 年 12 月，两个政府间会议同时在马斯特里赫结束，诞生了一个名为"欧洲联盟（EU）"的政治联盟（Union），以及对 EEC 协约的一系列修改，目标是建立一个"经济与货币联盟"。这两个联盟都写入了"马斯特里赫条约"（简称"马约"）。1992 年 4 月，"马约"在欧洲议会通过；5 月，各国首脑正式签署；从 1993 年 11 月 1 日起开始生效。

"马约"显示了成员国实现经济和货币联盟的决心，尽管丹麦和英国还没有决定何时加入。他们相信：在经济和金融周期当中，拥有单一货币的欧洲联盟能够更好地抵抗经济和货币危机。

4. 第四步努力

准备引入欧元作为联盟中各国共同使用的货币。"马约"制订的准备工作有三个阶段。

第一个阶段是从 1990 年 7 月 1 日开始允许资本自由流动，让各国经济趋同。在 1993 年 11 月 1 日"马约"生效之时，资本完全自由地流动被写进了"马约"。

第二个阶段是从 1994 年 1 月 1 日到 1998 年 12 月 31 日，主要是完善次一级的，与各国相适应的有关经济与货币联盟的立法，以及引入欧元的支部和货币。

第三个阶段是从 1999 年 1 月 1 日开始，标志着欧洲联盟在经济和货币一体化进程中有了一个有效的开始。从这一天开始，欧洲货币单位（ECU）不再是一个货币篮子，它本身成了一个货币，并且更名为"欧罗"（euro）。在前 3 年，欧罗只是在金融市场上使用的"簿记货币"（book currency）。

缔造这一欧洲共同货币的故事在 2002 年 1 月 1 日有一个"结局"：欧元的纸币和硬币开始在 12 个成员国家里流通。现在，欧元流通的地区不仅仅是拥有 3.7 亿人口的 16 个欧洲主权国家组成的货币区，它还包括世界许多其他地区。在后一类地区，欧元或者是法定货币，或者是被当地货币紧紧盯住的锚货币。

（二）欧元崛起对国际货币体系的冲击

在欧元建立之前，西德马克（DM）已经是世界上最坚挺的国际货币之一，因此成为国际金融市场上主要的交易币种之一。此外，法国法郎、意大利里拉等货币在国际金融市场上也有一定份额。欧元的建立一开始就继承了这些货币的市场份额。1999 年，欧元在全球官方外汇储备中占 19% 的份额，到 2003 年上升到 25% 左右。之后增速降低，也出现了波动（图 5.2）。

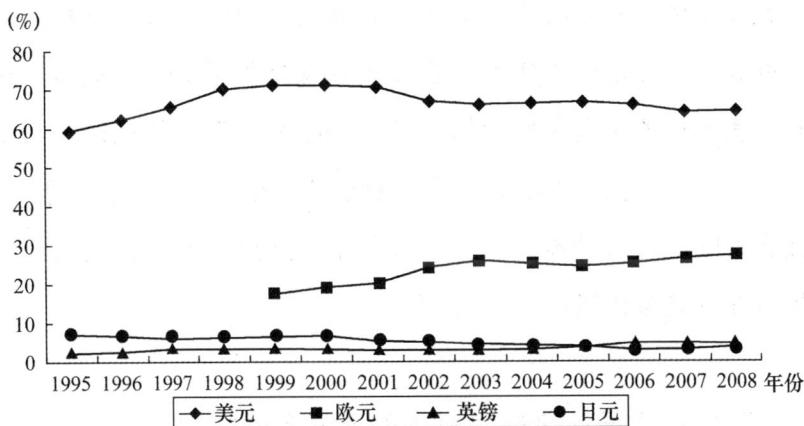

图 5.2　全球官方外汇储备中的币种构成

资料来源：吴庆：《见证通胀》，上海远东出版社 2011 年版。

现在欧美的学者们基本上认为，欧洲以及与欧洲联系紧密的中欧、北非、中非部分国家等地已经成为事实上的欧元区。东欧是欧元区扩张的潜在方向。在世界经济和金融形势稳定的条件下，欧元区的扩张还会持续下去。

值得注意的是美国的态度。美国支持欧洲各国在军事、政治上的联盟，这是冷战中美国在欧洲发挥的重要作用。在欧洲经济一体化的集成当中，美国似乎也乐见其成。但是在欧洲货币合作中，美国始终公开表达消极的态度，甚至一度公开反对创建欧元这种新货币。只是由于欧洲各国建立欧元的决心已定、进程也比较顺利，美国政府才不再公开反对。

但是直到今天，美国也不乏唱空欧元的政治学家、经济学家。在2008年底的一次有关国际货币体系的国际研讨会上，欧美知名学者围绕欧元的未来发生了最激烈的争论。一位英国学者激动得坐不住，站起来在会场上踱步。会后提交论文的美国学者把自己对欧元的表达从负面调整得更加接近中性。

也就是说，欧元的建立事实上对美元的国际货币地位构成了挑战，欧元与美元之间事实上存在着争夺国际货币地位的竞争。迄今为止，美元依然是最重要的国际货币，在全球官方外汇储备当中占据60%以上的份额。但是欧元的扩张势头也值得重视。到目前为止，欧元在西欧已经成功地成为了区域货币。这意味着美元在这一区域的地位被欧元取代了。

（三）此次国际金融危机中欧元遇到的挑战

在这一轮肇始于华尔街的国际金融危机当中，欧元区受到了严重打击，欧洲货币体系也面临严峻挑战。挑战大致可以分为三类。

第一类挑战是金融机构由于持有衍生产品而发生的资产损失。欧洲金融机构大量持有在华尔街上交易的金融衍生产品，因此在这一轮国际金融危机中遭到严重损失。截至2009年初，这一轮危机造成的金融资产价值缩水35万亿美元。有人估计，给金融机构造成的损失到 2009 年 3 月就达到了 1.25 万亿美元。此后暴露出来的损失逐渐增加，估计最后会达到 3 万亿～5 万亿美元。

欧美以外的金融机构很少持有衍生产品。有人估计，在这数万亿美元的金融机构的损失当中，接近一半将由欧洲的金融机构承担，因此欧美的金融机构受到金融危机的冲击最为严重。欧洲也有一些金融机构清偿力出现问题。英国银行业历来以稳健著称，但是在这一轮危机中也出现了挤兑。早在这一轮危机出现端倪的 2007 年，北岩银行（Northern Rock Bank）就遭到了挤兑，成为英国 140 年来第一家被挤兑的银行。

第二类挑战是全球金融危机发生以后的市场流动性不足。美元至今仍是主要的国际货币，而且长期维持比较低的利率。加之欧美之间资本可以相对自由地流动，于是有相当多的金融机构和个人选择借美元、兑换为欧元、持有收益率较高的以欧元计价的金融资产。这类跨国资金流动被称为利差交易（carry trade）。

当全球金融危机突然恶化的时候，国际金融市场流动性顿时变得不足。而就在这个时刻，利差交易者为了规避风险而从包括欧洲在内的世界各地快速抽回资金、重新兑换回美元。跨国资金回流导致欧洲金融市场上的流动性不足比美国还要严重。

第三类挑战是汇率变化导致的债务问题。由于利差交易规模巨大，在跨境资金从美国流向欧洲的时候，事实上推高了欧元当期汇率。但由于利差交易分散在较长的时间段，因此一般来说不会导致太严重的问题。

但是，当金融危机爆发的时候，利差交易者为了避免损失而快速平仓。集中回购美元的行为导致美元快速升值。在 2008 年 8 月雷曼兄弟公司倒闭之后，美元兑欧元汇率快速从 0.7 上升到 0.8，上升了大约 14%。一些具有美元债务敞口的国家（例如希腊）的还款压力陡然变大，甚至偿债能力出现问题。

全球金融危机期间，世界需要美联储短期内继续充当跨国金融机构的"最后贷款人"（lender of the last resort）。但是从长期来看，国际货币体系需要新的制度安排，包括新的国际货币。

2010 年 12 月 1 日，美联储公布的数据显示：美联储用于拯救危机的紧急援助资金不仅发放给了美国的银行，也发放给了美国以外的银行，对欧洲的金融机构直接施以了援手。UBS 和巴克莱位列美联储资金最大使用者之列。UBS 是美联储商业票据融资工具（CPFF）的最大使用者，占了 745 亿美元的额度，比美国的银行当中用款最多的花旗集团多出一倍。总部位于伦敦的巴克莱银行是美联储另一个提供隔夜贷款的援助项目资金的最大使用者，2008 年 9 月 18 日一天使用了 479 亿美元。美联储因此被称为"世界央行"（Central Bank of the World）。

四、日元国际化的努力与教训

日元已经经历过的国际化进程，大致可以分为三个阶段。

（一）第一阶段：消极的日元国际化

20 世纪 80 年代之前，日本经济迅速崛起，为日元国际化提供了最佳时机，但是日本政府和日本银行态度消极，错过了这个机会。

二战结束以后，日本满目疮痍。1948 年 10 月，美国国家安全委员会通过了法案，决定帮助日本加快经济复苏。2 个月后，约瑟夫·道奇到日本，帮助日本建立货币政策体系，成功地让不断下挫的日元兑美元的汇率稳定在 360 日元兑换 1 美元。他还帮助日本政府实现了预算平衡。

1951 年爆发的朝鲜战争给日本经济崛起带来了机会，1950 ~ 1960 年，仅美国累计向日本订货就高达 600 亿美元。这些订单刺激日本经济迅速复苏。从 1955 年开始，在 18 年时间里，日本经济保持了年均 10% 以上的高速发展。1964 年日元实现了经常项目下的自由兑换。1965 年开始，日本贸易收支开始出现顺差，且幅度越来越大，同时资本输出也明显增加，并很快成为资本输出国。

随着日本经济在世界经济中的比重日益增大，以及 70 年代后期开始出现了巨额经常收支顺差，日元国际化逐步引起了人们的关注。此时的日元已经有了升值的压力。但是由于布雷顿森林体系下的固定汇率安排，360 日元兑 1 美元的基准汇率一直维持到 1971 年。在此后的两次美元危机中，日元表现坚挺，并与德国马克一起成为举世公认的硬通货。

由于日本对外贸易连年顺差，同时美国国际收支持续逆差，到了 20 世纪 80 年代中期，日本逐步取代美国成为世界上最大的贷款国和债权国。但是，在 1980 年以前，日本政府一直担心对外收支恶化和日元汇率急剧波动会引起日本经济的动荡，对日元国际化持消极态度。

（二）第二阶段：广场协议推动的日元国际化

从 20 世纪 80 年代开始，日本开始正视已经无法回避的日元国际化问题。1978 年 12 月，日本大藏省（该机构在 2001 年的省厅改革中被分割为财务省和金融厅）提出了"正视日元国际化，使日元和西德马克一起发挥国际通货部分补充机能"的方针。1980年，日本开始积极推动日元国际化进程。主要动作是对外汇和外贸管理办法的修改。1980年12月，日本政府修改《外汇法》，日元经常项目基本上实现了可兑换，对日元资本项目的可兑换，也由原则上限制兑换，过渡为原则上放开管制，这是日本金融国际化的一个阶段性标志。

日元国际化还面临一个重大困难：日本是当时全球最大的贸易顺差国，每天大把收进美元，把日元花出去的机会并不多。为了破解这一难题，日本利用资金雄厚的优势，开始向包括中国在内的亚洲国家大量投资并发放贷款。1972～1982年间，日本对东盟五国的直接投资总计为101.66亿美元，1960～1978年，日本向东南亚提供政府开发援助总额为35亿美元。在中国，北京地铁一号线、北京首都机场、武汉长江二桥等项目建设中都使用了日元贷款。靠着这些贷款和援助，日元在亚洲国家实现了一定程度的国际化。

在这一阶段，日元的国际化进程也受到了来自美国的压力。20世纪80年代，美国经常收支出现大幅逆差，特别是对日贸易逆差。美国方面认为，日本金融、资本市场对非居民是封闭的，因此，日元汇率不是通过市场形成的均衡汇率，所以迫使日本实现金融、资本市场的自由化以及日元的国际化。

1984年2月，日本和美国政府共同组建了"日元—美元委员会"，同年5月该委员会就日本金融、资本市场自由化、日元国际化以及外国金融机构进入日本金融、资本市场等问题达成了一致意见，发表了《日元—美元委员会报告书》，同时日本大藏省也发表了《关于金融自由化、日元国际化的现状与展望》的公告。

日本大藏省外汇审议会于1985年提交的具体方案，主要包括三方面的内容：第一，金融自由化（特别是进一步实行利率的自由化、进一步完善并扩大公开短期金融市场）；第二，实现欧洲日元市场自由化，方便非居民使用日元；第三，为在东京交易欧洲日元，建立东京离岸市场。由于以上这些进展，在 20 世纪 80 年代的前半期和 20 世纪 90 年代，日本开始稳定地推行金融自由化进程。

美国不仅推动了本来就在加速的日元国际化进程，而且在以上两份政府报告的形成过程当中，对具体方案提供了强制性的"建议"。李甘（Reagan）主政的美国财政部当时致力于平息美国国会对白宫经济政策的不满，企图在削减贸易赤字方面迅速有所作为，决定拿日元—美元汇率问题作为突破口。因此，"广场协议"实际上是美国财政部某些官员的"政绩工程"。

美国政府对日本政府的决策影响力很大，但是美国财政部的官员却并不十分了解日本面对的真实状况。虽然双方官员经常见面、频繁会谈，但是由于文化传统、政府行为模式以及官员的专业素质方面的巨大落差，日美双方的相互了解还是相当不够。例如，美方在一次会谈中批评日方管制大额可交易存单（CD）的利率，其实日方早已不这么做。然而日方并不反驳。日方一位低级别官员写纸条建议主谈的官员立即反驳，得到的答复是"我们的发言时间安排在下午"。

公正地说，日本政府在美国压力下推进日元国际化的努力还是取得了阶段性的成果。1990 年，在日本出、进口额中，按日元结算的比重各为 37.5% 和 14.5%，分别比 1980 年提高了 8.1 和 12.1 个百分点；在世界各国的外汇储备中，日元的比重为 8.0%，虽然仍大大低于美国的 50.6%，也低于德国马克的 16.8%，但却超过了英镑 3.0% 的 1 倍以上。1989 年 4 月，在全世界外汇交易中，日元的比重

为 13.5%，与德国马克持平，仅次于美国的 45.0%，高于英镑的
7.5% 和瑞士法郎的 5.0%。由于在日元国际地位上升的过程中美元
的国际地位相对下降，所以，世界就出现了美元、日元和西德马克
"三足鼎立"的发展趋势。

但是，在双方信息不充分的情况下仓促制订的解决办法，重在
结果而基本上不涉及体制和机制变化，因此不仅治标而不治本，而
且给日本留下了严重的后遗症。日元兑美元汇率由 1985 年"广场协
议"之前的 1 美元兑 220～240 日元水平，快速上升到 1 美元兑
100～120 日元（个别时期升值到 80 日元）。但是，日元与美元的汇
率并非自由浮动，日本银行持续干预汇率直到 2001 年。

虚假的变化导致日元国际化的成果得而复失。在 1980 年，日元
在世界各国外汇储备中只占 4.4% 的比例，到 1987 年和 1990 年，这
一比例已经上升到了 7.5% 和 9.1%；但是到 1999 年下降到 4.9%，
回到了 20 年前的水平，2007 年则是进一步下降到了 1.9%。恐怕不
得不承认，这一阶段的努力以失败而告终。

（三）第三阶段：日元国际化的最后机会

在 20 世纪 90 年代，日本在日元国际化进程上并没有什么新的
作为。这主要是因为日本经济在 1990 年以来长期不振，削弱了交易
者和投资者对日元的信心。此外，中国经济的快速增长也让日本和
美国的政策研究者很早就预见到：中国的经济规模超过日本已经指
日可待，日元国际化的机遇恐怕一去不再复返，日元的地位正在被
人民币取代。

1997 年亚洲金融危机期间，中国政府维持人民币汇率稳定，为
应对危机做出了重要贡献。同时也显示日元在东亚地区的主导地位

即将成为过去。正是从亚洲金融危机爆发开始，日本开始积极主动地努力抓住这"最后的机会"。

据身为当事人之一的筱原兴先生回忆，早在1997年8月援助泰国的时候，日本就准备好了充当"最后贷款人"。他认为，亚洲金融危机的最初教训是："在亚洲，不管哪个国家遭遇到流动性危机，能给予援助的只有亚洲各国自己。"

1998年5月，在加拿大举行的APEC财政部长会议上，前大藏大臣松永在发言中提出了"采取紧急措施，进一步促进日元国际性运用"问题。随后，大藏省又提出了《关于推进日元国际化的政策措施》。以此为契机，日元国际化再次成了日本政府的政策课题。

1999年，日本外汇审议会曾公布了一份研究报告，指出了日元国际化进程中面临的问题，并提出了五点建议：维持日本经济的稳定增长、进行金融体系改革；稳定日元币值；重新定位日元在亚洲汇率体系中的作用；进一步完善日元国际化环境；在商品贸易和资本交易中更多地使用日元。

这一阶段中，日本政府采取了积极主动的态度。首先，日本政府在财务省内设立了日元国际化专门的审议会制度，长期追踪研究，为政府政策决策提供理论和实证分析。其次，任命那些为政策建议提出理论依据、研究水平处于国际领先地位的学者，出任财政省副财务官（行政职务相当于副部长级），从政府行政制度上为学术理念向区域金融合作倡议的顺利转化提供了保证。第三，将区域经济活动中的具体合作项目，与日元国际化研究紧密结合起来进行研究。

不过，日元国际化的努力没有得到欢迎。原因之一是日本在金融危机当中从东南亚抽回资金，同时纵容日元贬值，贬得甚至比东南货币还厉害，失去了锚货币的基本功能。中国坚持人民币不贬值，起到了稳定货币体系的作用，也提升了人民币在区域内的锚货币地位。在这样的前提下推进日元国际化是注定失败的。

在直接推动日元国际化不可能成功的前提下，日本选择了间接提升日元地位的努力——建立与国际货币基金（IMF）类似的亚洲货币基金（AMF），让日本在其中发挥主导作用。这一构想受到美国和国际货币基金组织的反对，最终遭受挫折。但是，在2000年东盟及中日韩三国财长会议上，以双边互惠外汇信贷协议（即"清迈协议"）的形式得以部分实现，并且在随后几年里扩张了规模。在每一个版本的清迈协议中，日本和中国都占有同样的份额。因此，即使日本仍然是亚洲货币合作的主导者，也不再是唯一的主导者。

（四）正在总结之中的教训

日元国际化失败的教训可以简要概括为"错过了最好的机会"。至于错过最好机会的原因，大致包括以下三点。

第一，经济体制方面走一步看一步，缺少高瞻远瞩的战略观察，更没有提前为转变做好准备。回顾过去半个世纪的历程可以看到，日元国际化的最好时机是在布雷顿森林体系刚刚崩溃的时候。当时的国际金融市场甚至预期日元和马克将完全取代美元的作用。但是，日本政府当时对日元国际化态度消极，固守曾经取得成功的经济体制，错过了大约十年时间。反观西德马克则与日元有天壤之别：德国与其他欧洲国家加大货币合作力度，克服了民族矛盾等多重困难，最终创立了欧洲统一货币——欧元。

第二，当问题暴露出来之后，日本政府"头疼医头、脚痛医脚"，没有解决日本经济的真正问题。日元国际化意味着日元成为世界范围内自由交易的货币，市场化地确定日元汇率和利率。然而日本当时高度管制的经济体制与日元国际化不相容。如果日元真的实现了国际化，那么日本经济赖以成功的产业政策将缺少推进的工具。所以，日本政府留恋过去赖以实现经济起飞的经济增长方式，不肯放弃政府主导的产业政策，就意味着日元不可能真正实现国际化。

第三，以为可以在不改变企业生存环境的情况下单独解决货币和金融体系的问题，企图用过度扩张的货币政策对冲日元升值的负面影响。长久以来，日本是一个"官、产、学"紧密结合的经济体，政府对企业有着与计划经济体制相同的"父爱主义"，在政府保护之下的企业缺少直面市场的积极性。因此，当日元升值给大企业出口带来负面影响的时候，政府努力用低利率和充足的流动性对企业进行补贴。这个政策导致了严重的泡沫经济。

总之，日本的出口导向型经济增长方式是日元国际化的最大障碍。在增长方式转变之前，日本不仅不可能重新实现可持续的经济高增长，也不可能真正实现日元国际化。于是日本失去了一个10年，再失去一个10年。所以，在出口导向型增长道路上走到尽头的国家，与其事倍功半地促进货币全球化，还不如退而结网——改变本国经济的增长方式。这个教训值得所有出口导向型经济体警醒。

执笔人：吴　庆

第六章

人民币区域化的路径
和相关建议

一国货币的国际化，是一国经济实力和经济管理能力的货币表现。在这个问题上，不论是超前还是滞后于本国经济的实际影响力，都将对经济的稳定增长带来负面影响。就历史的长趋势看，作为世界第二大经济体，自然也应追求人民币国际化的目标。然而，在战略过渡期内，人民币并不具备完全的国际化并成为国际主要储备货币的基本条件。但是，根据我国经济的发展趋势及其实际影响力，通过建立人民币离岸市场，加快这一进程，尽快以货币形式将这些影响力固化下来，同样又是有利于巩固经济发展的良好趋势。

一、人民币区域化的基本思路与路线图

人民币国际化的过程，既是伴随人民币不断输出，并不断提高人民币资产市场国际影响力的过程，也是现有其他国际主要储备货

币相对地位下降的过程，是一个相关国家利益格局重新调整的过程。

因此，要适度加快人民币国际化或者区域化的进程，关键是要冷静分析形势，能不失时机地抓住世界经济变化提供的机遇，有意识地输出人民币，并借助经济影响力，在确保自身风险能管理的范围内，确立人民币资产市场的国际影响力。

在当前，要加快推进人民币区域化进程，关键是三条思路：一是先要想尽办法让人民币走到境外；二是鉴于中国资本项下未完全放开的现实，能让人民币在境外像其他自由兑换货币一样，可用于存款、贷款、结算支付、资产管理、投资、汇率避险等全方位业务，形成一定的市场循环规模；三是要做到境外各机构与自然人参与、扩大境外人民币市场的循环活动，必须让境外各机构与自然人，能通过中国政府允许的人民币可兑换通道，享受或部分享受中国经济高增长的收益。与此同时，仍要充分利用国际组织和世界各国相关的力量，对现有主要储备货币发行国的滥发货币行为，进行适当的限制，引导"去美元化"和各地区"货币区域化"的潮流，为人民币的国际化预留空间。并在积极推动亚洲金融合作的过程中，积极塑造亚洲区内的"主导货币"形象。

有鉴于此，我国人民币区域化可以沿着以下的路线图推进，在控制风险的情况下，适度加快人民币区域化的进程。

（一）在国际贸易中积极推广使用人民币计价、结算

人民币在我国跨境贸易中的使用，发展迅速。2011年前4个月的人民币跨境贸易结算量就已超过5000亿元人民币，超过2010年全年的跨境贸易结算量。汇丰银行对海外机构的调查显示，海外机构对跨境贸易使用人民币结算，兴趣高涨。甚至有机构预测，2016

年人民币将成为国际上跨境贸易结算的三大货币之一。

为此，有必要在引入人民币外汇账户以监测跨境人民币或非居民在我国境内持有人民币的情况下，全面放开企业在国际贸易中使用人民币计价和结算的限制。尽快消除出口退税、外汇核销等方面的技术性政策障碍，尽快放开人民币跨境结算的试点城市的限制，在全国全面推开①。现在是中国想推行人民币区域化而在现行国际环境下难以推行的问题，因此不要再自己限制自己了。

（二）在现有资本账户管理框架下，逐步允许人民币拥有与外币一样的交易资格

从风险的角度看，由于人民币的最终发行权在人民银行，相对外币，我国拥有更多、更有效的调控手段。因此，只要我国货币政策的能力不受根本影响，对现有允许外币进行的跨境交易，应至少也允许以人民币进行交易，并逐步提高各类交易的便利化程度。具体来说：

一是为了推动人民币在跨境贸易中的运用，除应实现人民币结算的便利化外，还应为跨境贸易提供必要的人民币金融产品，尽快放宽与跨境贸易直接相关的、以人民币进行的金融活动限制。如可允许境外的以人民币计价和结算的贸易融资。在风险可控的情况下推动人民币出口信贷业务的发展。

二是在目前资本账户已放开的领域，应尽快使得人民币取得与外币一样的交易资格。允许外商投资企业以人民币进行直接投资活

---

① 2010 年，中国人民银行又宣布扩大跨境贸易人民币结算的试点城市范围，但仍是有一定的限制。

动。只要对方国接受，鼓励使用人民币对外直接投资和从事并购活动。结合对周边和非洲等国家（地区）的外汇援助、外汇投资与外汇贷款，设立人民币投资基金、人民币贷款和以人民币形式的对外援助。在逐步加大 QFII、QDII 现有外汇币种的额度基础上，增加 QFII、QDII 的人民币资产投资内容。

（三）在风险可控的情况下，适度加快资本项目中人民币交易的开放，为境外人民币提供必要的、风险可控的投资运用渠道

我国目前仍借助资本账户管制来适当分离国内外的金融风险，汇率也仍执行有管理的、参考一篮子的浮动汇率制度。因此，金融对外开放的过程，需要结合汇率制度调整、人民币国际化进程稳步推进。未来 3~5 年是我国推动资本账户渐进开放的重要战略机遇期。考虑到对外汇的资本账户开放，调控的手段主要是外汇储备，而人民币的资本账户开放，则是我国的货币政策，相对而言，可控性较强。有鉴于此，在这进程中，可适当优先开放人民币的资本账户开放。具体来说：

一是在境外的香港，设立人民币离岸市场。只要不涉及人民币跨境流动的业务，香港可根据市场发展需要，灵活创新。缺乏境外的运用渠道，人民币在境外没有一定量的沉淀，就会严重影响国际社会对人民币的接受程度。为了进一步活跃境外人民币的市场，同时也为了减缓人民币回流对国内金融市场开放的要求，有必要在香港发展人民币离岸市场。鼓励东亚国家包括其他国家的政府机构和企业，在香港人民币离岸市场发行人民币债券，筹集人民币资金，用于向中国支付进口货款等。可考虑邀请美洲、非洲的跨国机构在

港设立办事处等常设机构，以提供贷款融资方面的中介担保等服务。

与此同时，视需要，在境内的上海也可开设内外严格分离的人民币国际银行设施，为非居民拥有的部分人民币资产提供运用的渠道。

二是通过香港与内地商品期货交易所的不同方式的合作，根据不同商品，分别在境内外建立以人民币标价的商品期货交易所等大宗商品期货市场。

三是尽快研究中国人民币债券市场向海外投资者开放问题。这首先要结束国内债券市场多头管理、市场分割的局面。在鼓励允许海外投资者投资中国境内债券市场的同时，允许海外机构与企业在中国境内发行人民币债券。

四是改进我国现有的外债管理，特别是对外资企业的外债管理方式，在一定审慎要求标准下，允许金融机构和企业在境外发行人民币债券，并在一定额度内经审批调回国内使用。

（四）继续推动中国央行和海外各国央行人民币互换计划，完善人民币的境外清算系统

人民币的境外清算系统是人民币国际化后的核心基础设施，需要尽快建立。为加强对海外人民币市场的调控能力，应增强对清算机构的管理，并发展央行和金融监管当局之间的合作，拓展现有的本币互换计划。

一是在2008年美国金融危机中各国互相援助的基础上，扩大互换计划的国别范围、延长计划期限，增加计划额度，以进一步促进双边的经贸活动和满足海外的人民币资金需求。

二是进一步完善香港的集中清算机制，明确清算机构的资质要求，特别是对其人民币敞口的比例限制等。在香港人民币清算体系

完善的基础上，逐步拓展其他地区的清算系统，既可以在香港清算系统内，也可以新的集中清算系统，但都需要统一的清算要求和杠杆限制。

三是借助亚洲货币合作，以及对非洲等的外汇援助，提高当地的清算系统，并逐步实现与我国清算系统的对接，为人民币国际化做好充分的基础准备。

（五）在国际和区域合作上，为人民币区域化创造必要的环境

人民币的国际化需要良好的国际环境，除了借助我国经济和金融的全球化本身的力量推动人民币国际化外，还需要培育相应的国际市场，增加第三方国家之间对人民币运用的需求。但是，一方面，随着人民币在区域中的影响力加大，对我国提供金融稳定的责任要求也会相应加大，另一方面，人民币区域化加大的同时，也是其他现有国际货币影响力减弱的过程。为了降低我国独立承担金融稳定的责任，减少与其他国际货币的直接冲突，我国有必要加强国际和地区货币金融合作，为人民币区域化创造必要的环境。

一是始终如一地支持国际货币体系重组中的各项积极措施，特别是联合国国际货币改革小组提出的各项积极倡议，扩大 SDR 的额度与范围（包括人民币币种），IMF 投票权改革等各项措施，以逐步削弱主导美元不负责任的负面影响。

二是支持世界各地区"区域货币"、"货币同盟"的发展，积极探索与其签订货币互换计划，探索用双边货币开展贸易结算的方式与便利措施。

三是进一步推动落实"清迈倡议"中除货币互换和储备库机制

外的其他三个支柱建设，防止在监控资本流动、区域金融监管和人员培训三个方面被边缘化。加强这三个支柱建设，以利于在更大程度上提高东亚各国的经济运行效率、质量，同时也有利于我国资本账户的管理。中国作为亚洲区内有影响力的国家，应以更积极的态度，求大同、存小异，鼓励亚洲各国重点发展亚洲债券市场。运用亚洲诸国高储蓄优势，支持亚洲经济的发展。在这方面，日本政府曾为亚洲国家发行武士债券提供 50 亿美元担保的做法，值得我国政府借鉴。

我们可以用图 6.1 来反映我国人民币区域化的路线图。需要特别指出的是，路线图只是意味着沿着路线图的线路渐进推进人民币区域化，是一个风险相对可控的过程，但并不意味着只有之前的步骤完全实现了，才可以开展下一步骤的活动。实际上，只有根据国际和国内的状态，合理安排、协同推进，才可能取得人民币区域化的最佳效果。

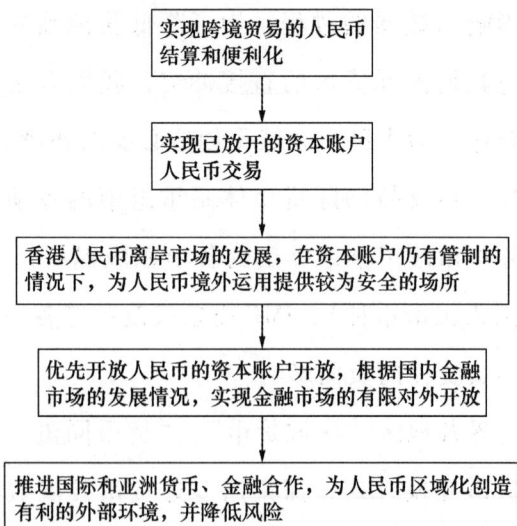

実現跨境贸易的人民币结算和便利化

实现已放开的资本账户人民币交易

香港人民币离岸市场的发展，在资本账户仍有管制的情况下，为人民币境外运用提供较为安全的场所

优先开放人民币的资本账户开放，根据国内金融市场的发展情况，实现金融市场的有限对外开放

推进国际和亚洲货币、金融合作，为人民币区域化创造有利的外部环境，并降低风险

图 6.1 人民币区域化路线图

二、将发展人民币离岸市场作为人民币区域化的战略支点

人民币国际化对我国的现实意义，不在于国际化过程中如实现一定铸币税的单项意义。以稳妥的方式推进人民币国际化的过程本身，对我国具有重要的战略意义。但是，我们还需要看到，人民币的国际化进程还相当的漫长。人民币国际化不是单纯通过政策推动就可以左右的，而是一国经济发展和国际金融政策博弈的结果。政策只能在局部领域发挥有限的作用。因此，短时间内直接追求人民币区域化应在认真分析国际、国内环境的基础上谨慎推进，不应以某个显性的国际化数量指标为目标，譬如，在某年的国际经济交往和外汇储备中，人民币一定要达到某个比例，等等。近期，中国人民币国际化的进程，主要是先追求区域化的目标。区域化货币相对于国际化货币而言，并不是在货币本质、功能上有什么根本性的差异，而只是一国货币在本国金融市场对外延伸意义上的差异，在国际货币职能使用程度上的差异。

今后的10年，中国经济自身面临的问题与世界经济金融不确定的态势，在汇率制度上，力争真正实现市场可信的、钉住一篮子货币的有管理的浮动汇率制度，而非完全的浮动汇率制度，也许是适合我国经济发展的最佳选择；如果是配合汇率制度的逐步市场化进程，资本项下的开放也必然是逐步开放的过程；同时，面对进入正在热议中的有缺失的国际货币体系，为了确保中国经济崛起的利益不受更大的损失，需要实现人民币与本国经济开放度相适应的区域

化。

由此，实施中国金融战略将面临不可回避的困境：要保持较为稳定的汇率环境，资本项下开放的步伐不宜过快；而资本项下开放步伐不宜过快，决定了人民币不可能尽快或者说真正实现国际化。因为如果人民币真正想实现国际化，必须允许人民币完全自由兑换，这意味着资本项下的管制完全放开。如果资本项下完全开放，则意味着汇率水平只能基本由国际和国内的市场供求所决定，但是这又是中国经济近阶段所难以接受的。而中国放弃对人民币国际化的追求，不仅不利于实现自身经济发展所需的稳定的汇率环境，而且对国际社会而言，则是缺少了一股能体现世界经济实力格局变化的、对有缺失国际货币体系制衡的改善力量，这也是制约国际货币间汇率过度动荡中的一个遗憾。

困境是客观存在的，能否使困境降到最低程度？这需要中国在战略实施中注意几点：第一，汇率政策与资本管理政策两者渐进的变动以及其与国内改革政策的变动，要尽可能的衔接好，以免引起宏观经济的不稳定；第二，在战略过渡期内，不能期望人民币完全的国际化，可期望人民币逐步的区域化，在区域化的过程中，以尽可能提供更多的空间，衔接好与汇率与资本管理政策的适度改革；第三，通过创设人民币离岸市场，在部分实质性地向境外开放国内金融市场的同时，相对隔离人民币区域化过程中国际金融风险向国内市场的传递，同时视国内汇率、资本管理政策的演进，调控人民币离岸市场的规模与结构，适时扩大"离岸"与"在岸"两个市场的"通道"，以不断推进中国整体金融市场的开放步伐。

所以，当前要推动人民币区域化，抓紧人民币离岸市场的建设，是一个好的选择，也是迫不得已的选择。

从美元的经验来看，欧洲美元市场的发展，为美元在国际贸易、投资等领域取得支配性地位，发挥了重要的积极作用。如表 6.1 和表 6.2 所示，2008 年底，非美国居民在美国境外持有的美元存款占全球美元存款的比重达到 15.49%，官方在美国之外持有美元占官方持有的美元存款的比重达 61.69%，在离岸的非美国银行持有的美元存款占 55.07%。

表 6.1　　　　　　　2008 年底全球美元存款市场的分布　　　单位：10 亿美元

非银行存款者	银行所在地		合　计
	美　国	美国外	
美国居民	11743	1520	13263
非美国居民	809	2580	3389
合计	12552	4100	16652

资料来源：Federal Reserve，BIS international locational banking statistics by residence（deposit liabilities of reporting banks & non – bank sector）。

注：美国居民的美元存款用以下公式估计：M2 ＊（M3/M2）（2006 年 1 月）－流通中货币。

表 6.2　　　　　　　　官方美元存款的分布状况　　　　　单位：10 亿美元

银行的国别	2004 年底存款地点			2007 年底存款地点			2008 年底存款地点		
	美国	离岸	合计	美国	离岸	合计	美国	离岸	合计
美国	73.6	7.8	81.4	143.1	28.1	171.3	127.6	32.5	160.1
其他	73.0	268.2	341.2	73.1	475.0	548.1	59.7	269.4	329.1
合计	146.6	276.0	422.7	216.2	503.2	719.4	187.3	301.8	489.2

来源：BIS locational banking statistics by nationality.

在人民币离岸市场的这种模式下，可将境外的人民币完全等同于外汇管理。人民币通过经常项目、部分现已放开的资本账户（包括上述 FDI、QDII、QFII 及部分贸易项下融资）流出我国，这些人民币构成我国的"人民币外汇"。初期可完全按照现有的非人民币外汇管理人民币外汇的跨境流动，积累一定实践和管理经验后，鉴于人民币外汇相对一般非人民币外汇，风险更小，可采取相对宽松的管理方法。在境外，"人民币外汇"已为可自由兑换货币，可自由参与以该货币为基础的各类资产市场运作。同时也允许国内金融机构、企业甚至是自然人，在资本账户管理框架下，参与海外人民币资产市场的运作，发行或者投资海外人民币债券、股票等金融产品。允许海外金融机构、企业和自然人，在我国允许的管理制度框架下，参与国内的人民币资产市场的运作。但是这一切，中国中央银行必须予以监控，以保持中国货币政策的相对独立性。这部分的"人民币外汇"资金的进出，应实行某种程度上类似外债的资本账户管理。

在资金操作上，从原理上说（见图6.2）不论是境内机构和自然人，还是境外机构和自然人，只要是在货币兑换允许的项目下，都可以选择使用人民币结算。但是一旦选择人民币结算后，这部分人民币就应从中国国内的普通人民币账户转由银行为此专门设立的"人民币外汇账户"内，以示区别。当出现需要事先审批或者备案的汇兑时，银行才可据以实现人民币在中国境内人民币账户和人民币外汇账户之间的划转。人民币外汇账户中的人民币，通过由国家指定的清算系统，在境内货币持有者与境外货币持有者之间进行划转，完成资金的支付。非居民持有的这部分人民币外汇，可以在境外进行运用和汇兑，但不可以直接自由转入中国境内的普通人民币账户内。当我国允许人民币自由兑换的时候，方可自由回流我国。

以人民币结算的经常项目逆差，和人民币对外援助、贷款及投资形成的人民币，构成我国滞留在海外的人民币外汇净值。允许境外持有人在境外自由运用的同时，也允许境内在海外的机构和企业在境外自由运用。由此可能产生海外人民币外汇存款的多倍创造。

海外人民币外汇除以现钞形式沉淀的部分外，其余部分有的可

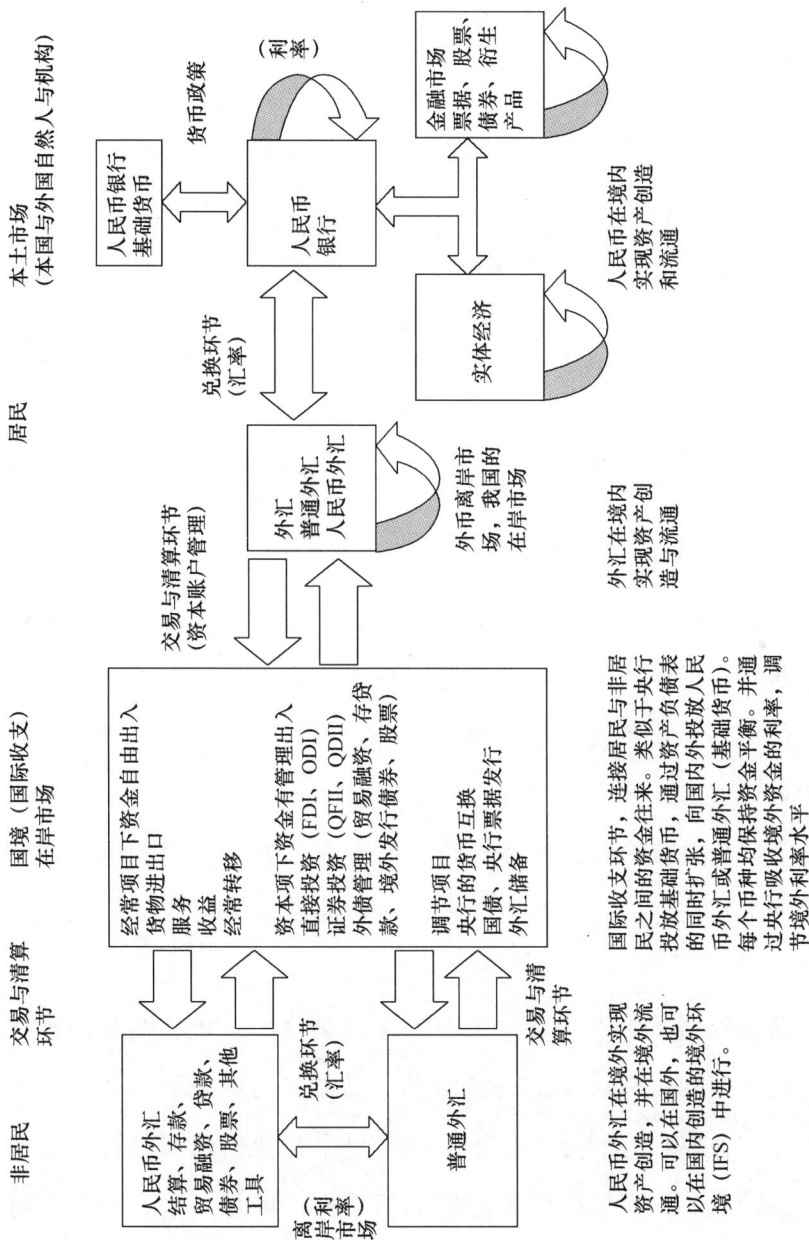

图 6.2　人民币外汇资金流转过程图

通过现有部分资本账户和金融账户的顺差，有的可直接投资境外机构在离岸市场上发行的证券产品，有的可转化为吸纳人民币的银行负债（中央银行存款）和部分购买境内机构在境外发行的国债等证券，甚至可通过中国境内外两地中央银行之间的货币互换，实现人民币资金在境内外的平衡。据此，人民银行可通过上述离岸市场中的政策操控，以调节不能完全由市场自动平衡的差额程度，并通过调整离岸人民币转存中央银行的利率水平，影响境外人民币市场的基准利率水平，维持境外人民币离岸市场的稳定发展。

三、香港人民币离岸市场的可能风险及其防范

人民币国际化是把"双刃剑"。结合 21 世纪第二个十年中国的国情，建立人民币离岸市场是既想享有人民币国际化的好处，又想防范人民币国际化可能带来的害处，是迫不得已的选择。但是，该市场如果形成后，又会带来新的问题与苦恼。

首先，只要我国经济整体保持贸易顺差，并且仍以大进大出为特点的加工贸易为主，那么，人民币国际化将不可避免面临以下两个问题。

一是微观主体使用本币作为国际经济交往的计价、结算的动机不强。由于国际贸易以加工贸易为主，只要进出口采取同一种货币计价、结算，那么大部分的汇率风险在单个企业内就能进行较好的对冲，真正承受汇率风险的只是增加值部分。但是如果企业在进口部分采取人民币计价结算，出口部分由于受议价能力的限制，只能采取外币计价结算，则企业将面临较大的汇率风险。这决定了其用

人民币计价、结算的积极性不高。为此，在推动人民币区域化的时期，仍有必要保持人民币与主要储备货币间汇率大体相对的稳定①。

二是在人民币区域化的进程中，有可能在某一时期内反而加剧我国外汇储备的积累。我国对于东亚、非洲等地区以贸易逆差为主，存在区域的货币输出条件。同时经济整体又表现为贸易顺差，而且人民币长期表现为升值压力。这虽然有利于区域内的境外机构获得、使用并保留人民币，但是只要我国的出口中人民币结算比例没有得到相应的大幅度提高，进口部分人民币使用比例不断上升，这时的贸易顺差会表现为更大规模的外汇储备增加。这本质上是将非政府机构承担的汇率风险转移给了政府，人民币升值的好处更多的为境外人民币持有者获得。为此，要解决好这问题，关键是要进一步拓宽思路，加快扩展外汇储备的多元化和战略性使用。配合人民币区域进程的特有困难，政府必须加大政策力度，将部分外汇储备通过各种方式转借给民间企业使用，支持其走出去与扩大进口。

其次，有必要建立对人民币离岸市场可能对我国带来负面影响的风险管理体系。

正常情况下，人民币离岸市场自身的资产创造过程，并不会在数量上直接影响中国境内的货币市场，但考虑到我国市场主体在离岸市场的主动参与程度，离岸市场形成的价格可能会对国内造成压力。

从人民银行的货币调控看，人民币离岸业务规模的发展，从国际收支平衡表的角度看，只是用人民币外汇替代了一般外汇，在这过程中，是基础货币发行的增加。如果在货币发行总量不变的情况

---

① 然而，如果主要储备货币汇率是固定的，则没有必要推动人民币的国际化了，因为人民币只不过是这一货币的另一种表现。

下，这将导致国内基础货币量的减少；或者，在货币发行总量不变的情况下，将导致外汇占款或其他资产的扩张，引起人民币超过本国经济体原有的需要进行增加发行。此时增发的人民币只是在国外流通，只要不回流国内，就不会对国内经济造成冲击。并且，海外人民币只要回流国内，就会造成海外人民币资产的多倍收缩（即是基础货币的回流），海外的杠杆对人民银行控制的基础货币规模没有直接的影响。

但人民币离岸业务发展后，将在境外创造出一个人民币的兑换和交易市场，将产生与境内并不完全一致的境外人民币汇率和利率体系。境内、外市场的利率、汇率的差异，会诱发人民币跨境流动的压力。这对应该坚持的人民币资本账户的某些管制，会带来新的挑战。

第一，当境内外的利率不一致时，可能引发跨境套利的资金流动。撇除其他因素，纯从利率看，当境内欲实行宽松的货币政策，境内利率低于境外，将引起人民币资金流向境外，反之则相反，这在一定程度上抵消了原本宽松货币政策的效用，尤其是当中央银行日常调控的主要手段是以数量为主的时候。但这只是货币作用领域扩大后的必然结果，相当于一定的货币深化对货币政策造成的影响，其效用的大小，难以精确的数量刻画。

第二，由于允许境外的人民币外汇在境外自由兑换，同时人民币资本管制又没有完全放开，必然在境外产生一个不完全等同于本国国内的汇率，由此，境内、境外会产生套汇空间。但是，在将境外人民币视为外汇管理的情况下，这种套利行为对我国的冲击，又可以等同于现在境外外汇对我国的冲击①。通过经常项目等正规渠

---

① 但存在了市场化汇率的参照后，可能使投机者更有信心，也拥有了鼓动更多人参与的手段。

道，能较容易实现汇率差异之间的套利（境外市场人民币汇率高，则出口时收取外币，在国内按照较低的汇率换成人民币，进口时支付人民币，并在境外将人民币换成外币）。当然这种汇率差异的大小，取决于政府的汇率政策。政府可视经济发展状况，以尽快实现汇率形成机制的市场化，形成市场真正可信的有管理的浮动汇率制度。

考虑到人民币离岸市场类似于人民币在境外的二级市场，其资产创造有赖于我国提供的"基础"人民币。而基础人民币来源于跨境（包括经常项目和资本项目的私人资金流动）人民币流出（向境外投放基础人民币），并通过跨境人民币流入收回基础人民币。其差额部分，通过存放中央银行（这里通过清算银行）、央行的货币互换、中国的债券在境外发行以及境外市场的现钞沉淀、交易等手段平衡。因此，为人民币离岸中心提供的清算机构（主要是清算银行，也可设立清算所，可以是唯一的，也可以是多个），是人民币离岸市场流通人民币的"中央银行"，其他银行和市场主体可以通过跨境人民币业务影响这个市场的"基础货币"投放，但调节部分则由"清算机构"承担，并维护整个海外的清算系统（具有汇总和清算功能）。我国的人民银行是这些"中央银行"的"中央银行"。这样，可以借助中央银行的货币管理框架，通过海外的清算机构与人民币银行的货币管理，来影响海外人民币市场的货币价格和供求数量。

为此，从人民银行的货币调控角度看，一是人民银行应借助创建人民币外汇账户，区分人民币基础货币在国内和海外的分布状况和变动，据此进行货币政策操作。应分别监测我国居民的货币持有量和海外银行、政府机构的人民币持有量。二是应严格控制负责海外人民币清算的清算机构，需要有严格的资格要求和审批，并对其海外的人民币业务的扩张、清算系统要有严密的监测和指标控制。三是要密切与各国和地区，特别是从事人民币离岸业务的国家和地区的货币管理当局合作，必要时可通过货币互换等形式予以调节。当然，金融是货币功能的展现和延伸，与金融监管部门的合作，同样也是重要的。

为了使人民银行的管理更加有效，现有的外汇管理需要及时做出以下三方面的调整：一是在实践中要进一步明确居民和非居民的概念。尤其是要把在境外从事外汇业务的本国金融机构、企业在海外的分支机构，视为非居民，并将外国金融机构、企业在我国的分支机构，视为我国的居民，并将这些机构母子（分）公司之间的资金调度，视为外汇活动，予以跨境资金管理。二是在现有的外汇账户管理基础上，应增加"人民币外汇"账户。明确人民币外汇账户的开立，并与一般人民币账户之间的划转规定等。同时允许本国境内金融机构与企业在境外开立"人民币外汇"账户。三是修改现有的国际收支统计、外债统计与管理，将"人民币外汇"计入国际收支统计与外债管理要求。进出口核销可使用"人民币外汇"。此外，还需要进一步完善现有的外债管理，特别是对外资企业（实际上属于本国的居民）的外债管理，堵塞各方面漏洞。以上措施的采取，并不是外汇管制的倒退，而是为了更好地配合人民币国际化的进程，便于中国的中央银行有效统计、监测国际收支动态，以提高人民币国际化格局下货币政策的独立性。

对于两地产生的汇率、利率等价格差异可能引发的套利行为，应该稳妥处理。两地价格差异是市场分割的必然结果。只要存在资本账户管制，这种价差仍将长期存在。但正如股票市场的 A－H 股一样，并不需要过度的担忧。随着资本账户管制的进一步放松，两地的价差将会趋于一致。虽然这种价差会激发一定的套利行为（两地价格会存在一定的差异，但并不会无限扩大，而存在一定的套利机制可以稳定价格区间），但并不需要急于使两个市场的价差完全一致。一方面，价差提供了一定的市场信息，给国内的改革提供必要的压力，另一方面，需要防止因离岸市场引导、甚至主导我国的货币供求和改革的节奏。价差是市场有效分隔的表现，不能仅仅为了平抑价差而启动"额外"的套利机制（一定的平抑机制仍需要）。

对于人民币的离岸市场，由于还存在资本账户管制。因此，除上述货币管理渠道之外，还多了一个通过资本账户直接控制离岸人民币市场上基础人民币供求的渠道。即通过调节资本账户管理中设置的管道，利用节奏、额度等调节市场主体可得的基础人民币货币的规模和方便程度。

除此之外，人民币离岸市场的初期发展，高度依赖于人民币回流国内的规模和程度，因此还可以利用我国资本市场（一级、二级）对外开放的程度以及借助"人民币外汇"的外债额度的审批等进行控制。

此外，在布局推进人民币区域化过程中，还需要采取必要的措施以控制可能产生的其他风险。

一是首先要安排好人民币国际化的推进顺序，使人民币国际化与我国的宏观调控能力、金融市场发育程度相适应。人民币国际化的过程，不可避免地要触动我国的资本账户与资本市场的对外开放问题。有其他国家相关教训所证明，我们必须认识到，如果说人民币国际化可能产生较大的风险，主要并不在于货币职能作用地域和领域的扩大，而在于与此相伴的资本账户开放和汇率自由浮动区间的政策搭配和进程。或者说，当前推动人民币国际化，风险不在于国际化本身，而在于推动资本账户和汇率变化的转轨过程，属于转轨的风险，是"价格管制"放松可能导致的风险。因此，降低风险的根本之路，首先在于要推动国内金融的市场化、自由化。只有完善了这一点，资本账户开放和汇率浮动才能形成"水到渠成"之势。如果国内问题在短期内无法解决，则应尽可能减少由于资本账户管理和汇率过快的、不切实际的"转轨"带来的冲击。在这方面，13亿人口大国的经济稳定增长，是首要目标。切忌在对"转轨"复杂性把握不大、看不清的情况下，"试一试"、"闯关"的行动。

二是应该逐步放松人民币外汇的账户管理。我国的资本账户已部分开放，加上上述建设人民币离岸市场的诸多政策措施，实现进一步的对外开放，已经能够支撑人民币一定规模的区域化。但是，其形成的具体状况仍有较大的不确定性。因此，在初期，居民的人民币外汇负债有必要纳入现有的外债管理，以观察、控制人民币输出入的规模。进一步看，应将人民币外汇等同于现有的外汇，所有对外汇的限制同样适用于对人民币外汇（当然，所有对外汇开放的资本账户项目，也宜在能严格区分境内、外人民币的基础上，对人民币开放）。当然，由于人民币的最终发行权在我国央行，央行拥有最后贷款人及其他各种必要的调控工具，其可能遇到的风险会远远小于我国居民的非本币外债。随着我国宏观调控能力和居民自身风险管理意愿及能力的提高，可以逐步放松对人民币外汇账户的管理，甚至可领先于普通外汇。最后，过渡到仅对金融机构进行审慎监管，即由企业和金融机构根据自身的风险状况自由决定，政府仅对其行为进行合规的审慎监督检查。

三是人民币海外业务的市场运作宜集中。在初期，人民币离岸业务可集中于香港，好处是可在不对其法律、金融市场运行规则作较大调整的情况下快速启动（在这一点上，上海不如香港）。也可借助于香港现成的国际金融中心平台与网络，使交易对象不至于过于分散，迅速形成市场交易规模，并能降低控制的难度。在人民币外汇的交易内容和运作方式上，初期均可做出一定的限制，譬如货币创造能力、自由兑换额度等。在运行一段时间后再逐步放开。但仍需要对货币创造能力施加一定程度的限制，即缴纳法定存款准备金等。

四是在建立人民币离岸市场初期，对人民币外汇债权应进行必要的额度控制。以人民币跨境结算形成的经常项目逆差以及准备通过采取其他的政策措施而形成的境外人民币，将构成我国滞留海外的人民币基本头寸。这些基本头寸并不会构成对我国的实质性债权。因为其中大部分可在准备改善的资本账户管制框架下实现回流，除此之外，还可通过人民银行的货币互换、央行存款等方式回流到国内。但是，在创建人民币离岸市场的初期，为了将风险降低到最低的程度，除了仍坚持一定的资本账户管制内容外，应通过上述采取的有关政策力度进行调整，以直接或间接的方式，对回流的人民币规模（或年度规模或日规模）做出一定的限制，以实质性控制境外人民币的放大规模，使其适应我国目前的管理能力。

五是建立风险应急机制，保留必要的临时资本账户管制的权力，也是人民币国际化进程之初所需坚持的原则。同时，积极参与亚洲金融、货币合作，研究如何借助区域的合作力量，以制约国际金融市场对人民币离岸市场的负面冲击，加强应对可能产生的各种风险的能力，也是建立风险应急机制中的内容之一。

执笔人：陈道富

参考文献
References

［1］ 布罗代尔. 15 至 18 世纪的物质文明、经济和资本主义. 北京：三联书店，1992

［2］ 汤普逊. 中世纪经济社会史. 北京：商务印书馆，1997

［3］ Atack, Jeremy；Peter Passell. 新美国经济史（中译本）. 北京：中国社会科学出版社，2000

［4］ 金德尔伯格. 疯狂、惊恐和崩溃——金融危机史（中译本）. 北京：中国金融出版社，2007

［5］ Mayer, Martin. 大银行家（中译本）. 海口：海南出版社，2000

［6］ Mayer, Martin. 货币市场（中译本）. 海口：海南出版社，三环出版社，2000

［7］ Mayer, Martin. 银行家（中译本）. 北京：商务印书馆，1982

［8］ Sampson, Anthony. 金融巨子（中译本）. 北京：世界知识出版社，1989

［9］ 盖博瑞斯（加尔布雷斯）. 不确定的年代. 台湾：联经出版事业公司，1980

［10］ ［法］让·里瓦尔. 银行史. 北京：商务印书馆，1997

［11］ Friedman, Milton, Anna Schwatz. 美国和英国的货币趋势（中译本）. 北京：中国金融出版社，1991

［12］ Sayers, R. S., 汪祥春，钱荣堃译. 银行学新论（中译本）. 台湾：正中书局印行，1970

［13］ 泷田洋一. 日美货币谈判——内幕20年. 北京：清华大学出版社，2009

［14］ 关志雄. 亚洲货币一体化趋势——日元区发展趋势. 北京：中国财政经济出版社，2003

［15］ 麦金农. 美元本位下的汇率——东亚高储蓄两难. 北京：中国金融出版社，2005

［16］ 麦金农，施纳布尔. 东亚经济周期与汇率安排. 北京：中国金融出版社，2003

［17］ 麦金农，大野研一. 美元与日元：化解美日两国经济冲突. 上海：上海远东出版社，1999

［18］ OHNO Kenichi. 从江户到平成：解密日本经济发展之路. 北京：中信出版社，2006

［19］孙杰.深化亚洲金融合作的途径：日本的作用和影响.世界经济与政治，2007（5）

［20］马寅初.货币新论.北京：商务印书馆，1944

［21］资料网站:英格兰银行、美联储、欧洲央行、IMF、BIS、世界银行、维基等

［22］李晓，丁一兵等.人民币区域化问题研究.北京：清华大学出版社，2010

［23］刘仁伍，刘华.人民币国际化风险评估与控制.北京：社会科学文献出版社，2009

［24］张杰.银行制度改革与人民币国际化：历史、理论与政策.北京：中国人民大学出版社，2010

［25］许奇渊，刘力臻.人民币国际化进程中的汇率变化研究.北京：中国金融出版社，2009

［26］冯郁川.人民币渐进国际化的路径与政策选择.北京：中国金融出版社，2009

［27］GAO Haihong and YU Yongding，"Internationalization of the Renminbi"，BoK‐BIS Seminar，March 2009.

［28］Takatoshi Ito，Satoshi Koibuchi，Kiyotaka Sato and Junko Shimizu，"Why Has the Yen Failed to Become a Dominant Invoicing Currency in Asia? A Firm‐Level Analysis of Japanese Exporters´Invoicing Behavior"，NBER Working Paper 16231，National Bureau of Economic Research，July 2010.

［29］Jing LI，"RMB as a Regional International Currency：Cost Benefit Analysis and Roadmap"，Centre for European Studies，Fudan University，Shanghai，China.

［30］货币政策执行报告.中国人民银行网站

DRC

DEVELOPMENT RESEARCH CENTER OF THE STATE COUNCIL

国务院发展研究中心

研究丛书

国务院发展研究中心研究丛书（2010）

书　　名	作　　者	定价(元)
"十二五"发展十二题	国务院发展研究中心课题组/著	38.00
迈向全面小康：新的10年	张玉台/主编	68.00
转变经济发展方式的战略重点	国务院发展研究中心课题组/著	30.00
中国城镇化：前景、战略与政策	国务院发展研究中心课题组/著	50.00
区域开放新战略	隆国强/主编	35.00
生产性服务业的发展趋势和中国的战略抉择	来有为 等/著	38.00
中国产业振兴与转型升级	国务院发展研究中心产业经济研究部课题组/著	30.00
中国企业并购重组	陈小洪 李兆熙/主编	46.00
美国金融危机的六个问题	方晋 等/著	30.00
中国石油资源的开发与利用政策研究	国务院发展研究中心资源与环境政策研究所/著	38.00
扩大消费需求：任务、机制与政策	任兴洲/主编	38.00
典型国家工业化历程比较与启示	王金照 等/著	30.00
新一轮经济增长的结构与趋势研究	杨建龙/著	30.00

DRC 国务院发展研究中心
研究丛书
DEVELOPMENT RESEARCH CENTER OF THE STATE COUNCIL

国务院发展研究中心研究丛书(2011)

书　　名	作　　者	定价(元)
人民币区域化:条件与路径	国务院发展研究中心课题组/著	30.00
服务业发展:制度、政策与实践	任兴洲　王　微/主编	48.00
农民工市民化:制度创新与顶层政策设计	国务院发展研究中心课题组/著	62.00
国民收入分配:困境与出路	余　斌　陈昌盛/著	38.00
温室气体减排:国际经验与政策选择	陈健鹏/编著	30.00
危中有机:后危机时期对外开放的战略机遇	隆国强/主编	30.00
物联网:影响未来	国务院发展研究中心技术经济研究部/著	30.00
中国的互联网治理	马　骏　等/著	45.00
中国农业补贴制度设计	程国强/著	30.00
社会组织建设:现实、挑战与前景	国务院发展研究中心社会研究部课题组/著	35.00
资产泡沫:国际经验和我国现状	国务院发展研究中心课题组/著	35.00
低碳贸易:适应节能减排目标的贸易结构研究	国务院发展研究中心课题组/著	35.00